Must Know Virus Story for Children

A novel coronavirus emerged from Wuhan, China in November 2019 and spread rapidly around the world. The World Health Organization(WHO) declared the COVID-19 a pandemic on 12 March 2020. The COVID-19 is an infectious disease caused by a newly discovered strain of coronavirus. Hundreds of thousands of people have already died from this pandemic. There could be more infections and deaths in the future.

Most people infected with the COVID-19 virus will experience mild to moderate respiratory illness and recover without requiring special treatment. But older patients, and those with underlying medical problems, like, cardiovascular disease, diabetes, chronic respiratory disease, and cancer can more likely develop serious symptoms.

Viruses spread regardless of country, race, gender, and age. It threatens everyone on this planet – including children and seniors. This epidemic has almost stopped cities around the world, even halting the flow of global economy.

Thanks to modern medicine, human life expectancy and quality of life are increasing. Viruses continue to mutate and instill fear in people.

We have seen the potential threat from new viruses such as COVID-19. At this time, there are no specific vaccines or treatments for COVID-19.

However, the best way to prevent and slow down transmission is to be well informed about the novel virus, the disease it causes, and how it spreads.

So, what's the best way to get over the virus? This book reports information about viruses that have plagued humans. Children can learn the scientific understanding of viruses through this book. If they learn how to deal with viruses, they can get turn fear into knowledge and to understand the situation and continue to live happily as before.

In the Text
What is a virus?
History of the virus
Changes in viruses
How to defeat the virus
More facts about the virus

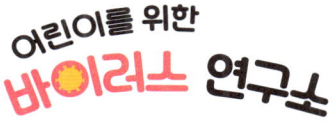

풀과바람 지식나무 45

어린이를 위한 바이러스 연구소
Must Know Virus Story for Children

1판 1쇄 | 2020년 8월 10일
1판 4쇄 | 2021년 5월 20일

글 | 이영란
그림 | 끌레몽

펴낸이 | 박현진
펴낸곳 | (주)풀과바람
주소 | 경기도 파주시 회동길 329(서패동, 파주출판도시)
전화 | 031) 955-9655~6
팩스 | 031) 955-9657
출판등록 | 2000년 4월 24일 제20-328호
홈페이지 | www.grassandwind.co.kr
이메일 | grassandwind@hanmail.net

편집 | 이영란
디자인 | 박기준
마케팅 | 이승민

ⓒ 글 이영란, 그림 끌레몽, 2020

이 책의 출판권은 (주)풀과바람에 있습니다.
저작권법에 의해 보호를 받는 저작물이므로 무단 전재와 복제를 금합니다.

값 12,000원
ISBN 978-89-8389-855-5 73470

※잘못 만들어진 책은 구입처에서 바꾸어 드립니다.

이 도서의 국립중앙도서관 출판예정도서목록(CIP)은 서지정보유통지원시스템 홈페이지(seoji.nl.go.kr)와
국가자료공동목록시스템(www.nl.go.kr/kolisnet)에서 이용하실 수 있습니다. (CIP제어번호 : CIP2020026166)

제품명 어린이를 위한 바이러스 연구소	**제조자명** (주)풀과바람	**제조국명** 대한민국
전화번호 031)955-9655~6	**주소** 경기도 파주시 회동길 329
제조년월 2021년 5월 20일	**사용 연령** 8세 이상

KC마크는 이 제품이 공통안전기준에 적합하였음을 의미합니다.

⚠ **주의**
어린이가 책 모서리에
다치지 않게 주의하세요.

어린이를 위한 바이러스 연구소

이영란 · 글 | 끌레몽 · 그림

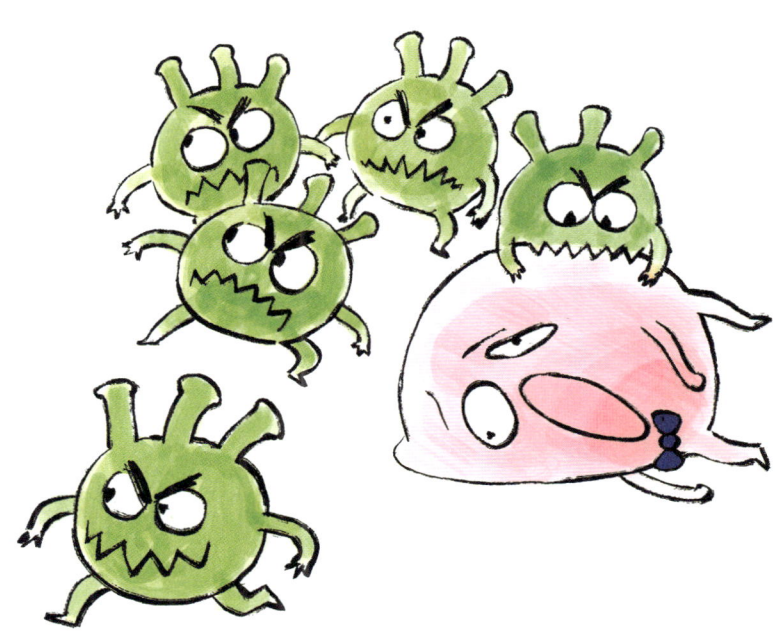

풀과바람

머리글

　새해가 되면 사람들은 저마다 계획을 세우곤 하지요. 건강을 염려하던 사람들은 운동을 시작하겠다고 결심하고, 담배를 피우던 아빠들은 금연하겠다고 선언하기도 해요. 학생들은 공부를 더 열심히 하겠다며 굳은 마음가짐으로 책상 앞에 앉아요.
　2020년에는 이런 계획을 실천하기도 전에 전 세계가 예상치 못한 상황에 빠지고 말았어요. 이전에 경험하지 못한 새로운 존재가 인간을 찾아왔기 때문이지요. 중국 우한시에서 시작된 신종 바이러스가 사람들 사이를 급격하게 파고들었답니다.
　세계 보건 기구(WHO)는 이 바이러스가 일으킨 질병을 'COVID-19(신종 코로나바이러스 감염증)'라고 이름 지었어요. 한국에서는 이것을 '코로나19'로 불러요. 처음에는 중국에서 일어난 일로만 알았지요. 그런데 코로나19의 전염력이 얼마나 강한지 2003년 사스와 2012년 메르스 때보다 더 빠르게 많은 사람을 감염시키고 있어요. 감염된 사람들은 증상을 전혀 느끼지 못하거나 가벼운 감기를 앓고 있다고 여겨요. 하지만 당뇨병이나 암, 폐 질환 등을 앓고 있어 면역력이 약해진 사람들에게는 매우 치명적이에요.
　더 안타까운 사실은 나는 걸리지 않을 거라고 믿고 마스크도 하지 않은 채 돌아다니는 사람들이 많다는 거예요. 코로나19에 걸렸더라도 증세가 없거나 가벼워서 자신은 그럴 리가 없다고 여기는 것이지요.

　'설마 내가 걸리겠어?' 하는 생각은 상황을 더 끔찍하게 몰아가요. 대규모 감염이 일어나 도시를 거의 마비시키지요. 환자가 넘쳐나다 못해 병실이 부족해 치료를 받을 수 없는 지경에 이르게 돼요. 사람들이 일하지 못해 경제 또한 위기에 빠지게 되지요.

　과거와 달리 의학이 발달해 못 고치는 병이 거의 없지만, 사람들은 바이러스 앞에서는 전전긍긍할 수밖에 없어요. 바이러스도 살아남기 위해 살아 있는 세포를 만나기만 하면 어떻게 해서든 적응하거든요.

　언제쯤 우리는 바이러스를 두려워하지 않게 될까요? 과연 그런 날이 올까요? 1918년의 스페인 독감부터 사스, 메르스, 신종 플루에 이르기까지 바이러스는 전 세계 사람들을 공포에 떨게 했어요. 그때마다 인간은 바이러스를 극복했지요.

　하지만 바이러스는 계속해서 모습을 바꿔가며 우리를 쫓아다닐 거예요. 바이러스는 사람을 가리지 않아요. 나이도, 성별도, 인종도 가리지 않지요. 어찌나 변이를 잘하는지 그 누구도 예측할 수 없어요. 새로운 바이러스가 나타날 때마다 그에 대해 잘 알고 각자가 스스로 대처하는 게 유일한 방법이에요.

　우리 모두 이 책을 읽으며 바이러스를 쫓는 형사가 되어 보는 것은 어떨까요? 준비되었나요? 그럼 이제 본격적으로 수사를 시작해 보아요.

이영란

차례

01 바이러스의 정체 --- 8
바이러스와 세균의 다른 점 | 바이러스가 살아남는 법 | 생존 전략에 따라 각기 다른 꼴 | 최고의 생존 전략은 변이 | 바이러스가 좋아하는 호흡기 | 우사인 볼트보다 빠른 바이러스

02 만만치 않은 인류의 적, 바이러스 --- 16
닮은 듯 다른 바이러스 | 인류를 놀라게 한 바이러스 | 음식으로 감염되는 바이러스 | 동물을 매개로 한 바이러스 | 모기가 옮기는 바이러스 | 세계를 공포에 몰아넣은 21세기 신종 바이러스

03 생태계의 역습, 바이러스의 변이 --- 52
종간 장벽 | 코로나바이러스와 인플루엔자의 변신 | 바이러스의 치밀한 생존법 | 신종 바이러스를 두려워해야 하는 이유 | 동물이나 조류 바이러스가 인간에게 온 까닭 | 신종 바이러스의 주범은 인간? | 바이러스는 도시를 좋아해 | 흔들리는 세계 경제와 백신 전쟁

04 바이러스에 대처하는 우리의 자세 --- 66
우리를 지켜 주는 면역계 | 1차 방어 | 2차 방어 | 예방 주사를 맞아야 하는 이유 | 바이러스를 물리칠 인간의 또 다른 무기, 백신 | 항바이러스제 | 신종 바이러스 치료제 | 바이러스를 이겨내는 데 꼭 필요한 예방 주사 | 신종 바이러스 감염을 피하려면

05 아리송한 바이러스 전염병 파헤치기 --- 80

신종 바이러스를 재빨리 알아차릴 수는 없을까? | 백신을 미리 만들어 놓으면 안 될까? | 백신을 빨리 만들면 되지 않을까? | 독감 예방 주사를 맞았는데 왜 독감을 조심해야 한다고 하는 걸까? | 바이러스에 감염되었는데 열이 안 날 수도 있을까? | 감염병에 걸리면 왜 물을 많이 마시라고 하는 걸까? | 바이러스를 무기처럼 쓸 수 있을까? | 사람에게 이로운 바이러스는 없을까? | 치료제를 복용하면 곧바로 나을까? | 조류 바이러스가 사람에게도 전염될까? | 왜 면역계는 신종 바이러스를 이겨낼 수 없을까? | 사스, 메르스, 코로나19의 주범을 박쥐로 보는 이유는? | 기적의 약이라는 항생제로 치료할 수 없을까?

06 알쏭달쏭 바이러스 용어 파헤치기 --- 92

감염병과 전염병 | 항원과 항체 | 3가와 4가 | 비말과 에어로졸 | 검체 | 유증상자 | 음성과 양성 | 고위험군 | 기저 질환 | 대증 요법 | 중증 질환 | 역학 조사와 전수 조사 | 지역 사회 감염 | 밀접 접촉자와 일상 접촉자 | 괴질 | 자가 격리 | 음압 격리 병실 | 코호트 격리 | 사회적 거리 두기(사회적 격리) | 팬데믹(Pandemic) | 세계 보건 기구(WHO) | WHO의 감염병 경보 6단계

바이러스 관련 상식 퀴즈 --- 114
바이러스 관련 단어 풀이 --- 116

 바이러스의 정체

바이러스는 혼자서는 살아갈 수 없으므로 생물이라 할 수 없어요. 생물처럼 유전자를 가지고 있으므로 생물이 아니라고도 할 수 없지요. 그 크기가 아주 작아 눈에 보이지 않으므로 미생물이라고도 하는데, 질병을 일으킨다는 이유로 바이러스를 세균과 혼동하는 사람들이 많아요. 분명한 건 바이러스와 세균은 다르다는 거예요.

바이러스의 여러 모양

바이러스와 세균의 다른 점

바이러스와 세균은 곰팡이, 기생충과 더불어 생물체 속에 살며 병을 일으켜요. 이들 병원체는 살아 있는 세포에 빈대처럼 달라붙어서 살아가지요.

세균은 하나의 독립된 세포로서 염색체 분열을 하며 자기 복제를 할 수 있어요. 환경만 잘 갖추어진다면 혼자서도 얼마든지 개체 수를 늘리며 살아갈 수 있지요. 심지어 자신을 보호하는 능력도 갖추고 있답니다.

바이러스는 현재 알려진 생명체 가운데 가장 작아요. 계속해서 살아남으려는 유전자와 그것을 덮고 있는 단백질로만 이루어졌거든요. 유전자는 자손에게 물려줄 특징을 담고 있지만, 혼자 살아갈 능력은 없어요.

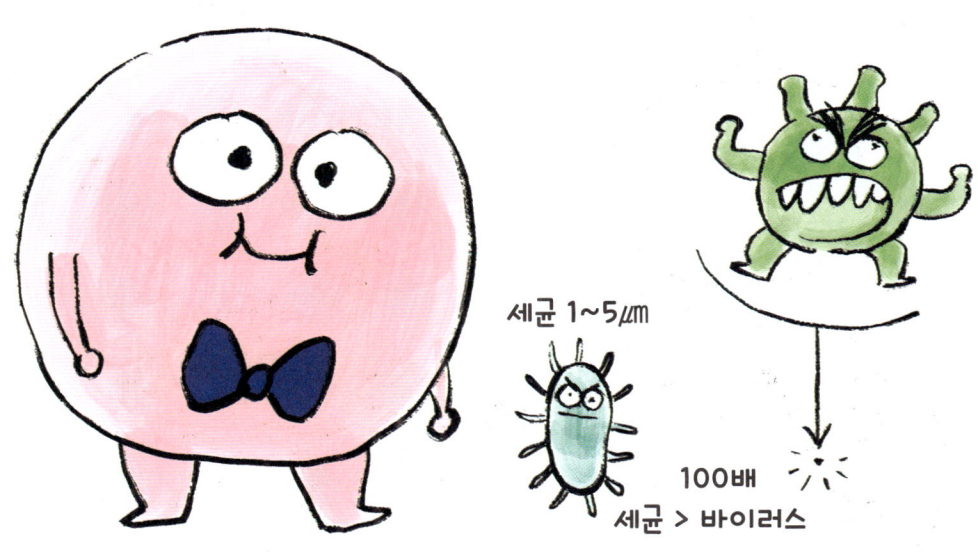

세포 10~100㎛
(마이크로미터·100만 분의 1미터)

세균 1~5㎛

100배
세균 > 바이러스

바이러스 10~300nm
(나노미터·10억 분의 1미터)

바이러스가 살아남는 법

바이러스가 살아남으려면 다른 생명체의 세포가 꼭 필요해요. 다른 세포 속으로 들어가 유전자를 심어 자신과 닮은 후손을 복제하도록 바꿔 버리지요. 이때 바이러스가 엄청나게 늘면서 숙주의 세포가 파괴돼요.

'숙주'란 바이러스가 살아남기 위해 침입한 생명체를 말해요. 숙주는 인간을 포함한 동물, 식물, 곤충, 세균 등 살아 있는 생명체라면 어떤 것도 될 수 있어요.

자기 복제에 성공한 바이러스는 죽지만, 복제된 수백만 개의 바이러스는 더 많은 세포를 파괴하면서 숙주를 아프게 하지요.

생존 전략에 따라 각기 다른 꼴

바이러스의 유전자를 보호하는 단백질의 역할은 크게 세 가지로 나뉘어요. 하나는 바이러스가 세포 표면에 잘 달라붙게 하고, 다른 하나는 세포 안으로 들어간 유전자가 기계로 물건을 만들어내듯 복제하게 해요. 또 다른 하나는 복제된 바이러스가 탈출하도록 만들지요.

유전자는 바이러스에 따라 DNA 형태인 것도 있고, RNA 형태인 것도 있어요. DNA형 바이러스는 유전 정보를 사다리처럼 생긴 실 모양의 사슬에 담고 있어요. RNA형 바이러스는 가닥 모양으로, 한 가닥인 것도 있고 두 가닥으로 새끼 꼬듯이 꼬여 있는 것도 있고 여러 가닥으로 흩어진 것도 있어요. RNA형 바이러스는 변신의 귀재예요. 돌연변이를 잘 일으킨답니다.

DNA　　　　　　　　　RNA

최고의 생존 전략은 변이

바이러스는 세균보다 훨씬 작아서 전자 현미경으로 수만 배나 확대해야 겨우 볼 수 있어요. 1만 분의 1밀리미터로, 100나노 크기이지요. 1센티미터를 10분 1로 쪼갠 것이 1밀리미터인데, 이것을 또다시 1만 개로 쪼갰으니 당연히 눈엔 보이지 않지요.

세포 안에 들어가 있을 때는 표시가 나지 않아 감염되었는지 알기 어려워요. 바이러스나 세균이 몸 안에 들어가서 증상을 나타내기 전까지의 기간을 '잠복기'라고 하는데, 잠복기에는 바이러스 감염 증상인 기침, 재채기, 발열 등이 나타나지 않아요.

이후 바이러스가 세포 안에서 수십 개로 늘어나 세포벽을 뚫고 나올 때 증상이 나타나요.

바이러스에 감염되면 우리 몸에서는 질병에 맞서는 면역 반응이 일어나 바이러스와 싸워요. 이로써 면역 체계가 발달하면 바이러스는 결국 사라지지요. 그래서 바이러스는 생존을 위해 끊임없이 변이한답니다.

바이러스가 좋아하는 호흡기

바이러스는 호흡, 침이나 콧물 같은 분비물, 혈액, 상처 등을 통해 전염돼요. '호흡'은 숨을 들이마시고 내쉬면서 산소를 흡수하고 이산화탄소를 몸 밖으로 내보내는 과정을 말해요.

호흡할 때 공기가 지나다니는 길을 '기도'라고 하는데, 상기도(윗숨길)와 하기도(아랫숨길)로 나뉘어요. 상기도는 코, 콧구멍이 가까이 있는 뼛속 공간인 부비강, 목구멍 앞쪽의 일부분을 포함해요. 하기도는 폐까지 가는 길인 기관, 기관에서 갈라져 양쪽 폐로 나뉘는 기관지, 기관지의 끝부분인 모세 기관지를 이르는 말이에요.

바이러스는 상기도에 달라붙는 것을 좋아해요. 그래야 다른 숙주로 옮겨가기가 좋기 때문이죠. 말만 해도 침을 통해 옮겨갈 수 있거든요.

2020년, 전 세계로 퍼진 코로나19도 비말, 곧 침방울로 주로 감염된다는 사실이 밝혀졌어요. 일부 연구에 따르면, 밀폐된 공간에서는 공기 중에 떠 있는 작은 침방울인 에어로졸 형태로 감염된다고도 해요.

우사인 볼트보다 빠른 바이러스

햇빛이 밝게 비치는 곳에서 재채기를 하거나 기침을 하면 엄청나게 많은 침방울이 사방으로 그것도 멀리 튀어나가는 모습을 쉽게 볼 수 있어요. 이때 바이러스가 작은 침방울에 섞여 공기 중으로 배출되지요.

기침할 때에는 침방울이 1초당 10미터를 가고, 재채기할 때는 1초당 50미터를 갈 수 있어요. 100미터 달리기 세계 신기록을 가진 우사인 볼트의 기록이 9.58초이니 재채기의 속도가 훨씬 빠르네요. 대화할 때는 1초당 1미터를 가지요. 그래서 환자 주변에서 2미터 정도 떨어져 있어야 바이러스 감염으로부터 안전하다고 해요.

재채기할 때는 100만 개 정도의 침방울이 튀어나온다고 해요. 독감에 걸렸을 때 침과 피, 눈물 같은 우리 몸의 액체 1밀리리터당 1000만 개의 바이러스가 들어 있다고 합니다. 바이러스가 127~320개면 독감에 걸릴 수 있다고 하니 독감이 유행할 때는 특별히 조심해야겠죠?

02 만만치 않은 인류의 적, 바이러스

지금까지 알려진 바이러스의 종류는 대략 5000여 종이에요. 그중에는 수천 년 전부터 인간을 괴롭혀 온 바이러스도 있고, 인간이 완전히 물리친 바이러스도 있어요. 그리고 지구 어딘가에서 조용히 지내다가 갑자기 나타나 인간을 공포 속으로 몰아넣는 바이러스도 있지요.

닮은 듯 다른 바이러스

독감을 말 그대로 독한 감기쯤으로 여기는 사람들이 많은데, 독감과 감기를 일으키는 바이러스는 전혀 다르답니다.

바이러스 칵테일, 감기

감기를 일으키는 바이러스는 100가지가 넘어요. 대표적으로 코로나바이러스와 리노바이러스, 아데노바이러스 등을 들 수 있지요. 코로나바이러스는 전자 현미경으로 보면 바이러스 입자 표면이 돌기처럼 튀어나와 있어요. 이 모양이 마치 왕관처럼 생겼다고 해서 라틴어로 왕관을 뜻하는 'Corona(코로나)'라는 이름이 붙었어요.

감기는 여러 바이러스가 공격하는 탓에 확실한 치료제가 없어요. 병원에서 처방하는 약들은 치료제가 아니라 증상들을 가볍게 해 주는 약이에요. 코가 막혔을 때 시원하게 뚫어 주고, 기침이 잦아들게 하며, 가래를 없애 주지요. 따라서 일반적인 감기는 시간이 흘러야 나을 수 있어요. "감기는 밥상머리에서 물러간다."는 속담처럼 밥 잘 먹고 편히 쉬면 감기는 저절로 낫는답니다.

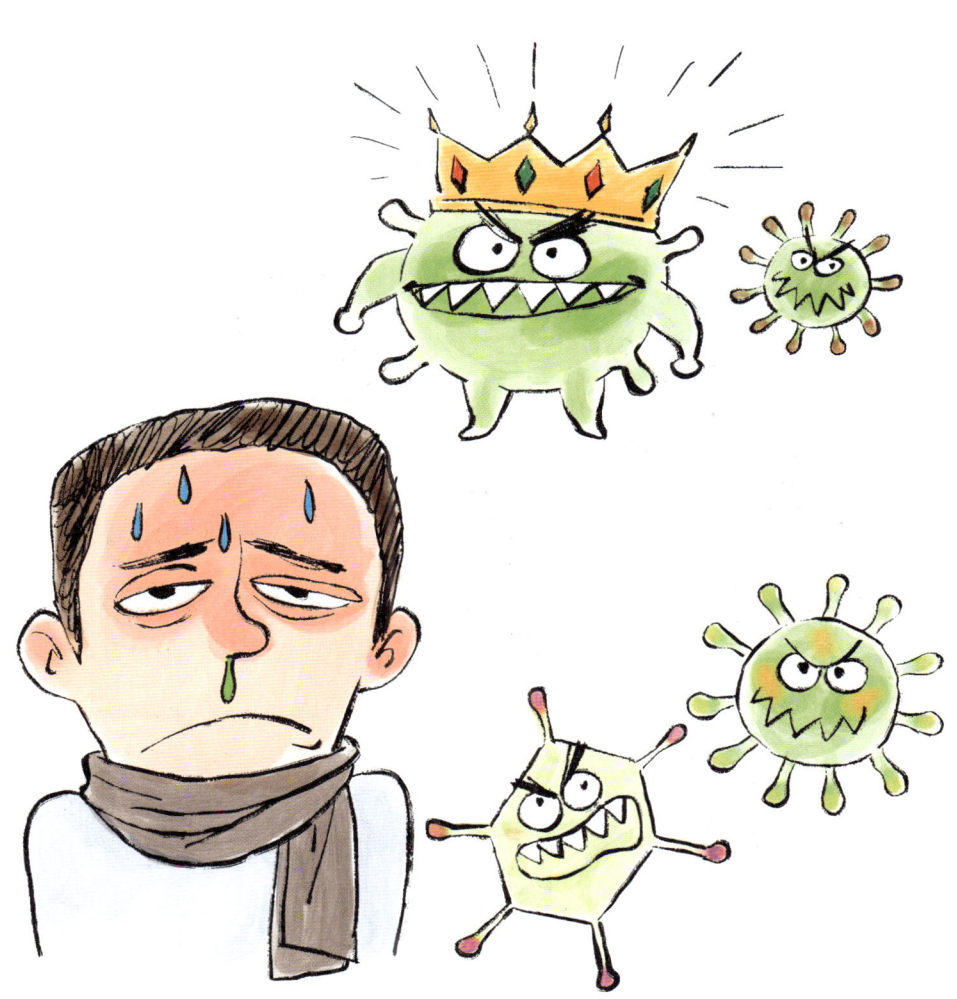

인플루엔자

우리에게 독감으로 알려진 인플루엔자는 줄여서 '플루'라고도 해요. 독감을 일으키는 바이러스는 인플루엔자 바이러스로, 그 정체가 분명해서 백신으로 예방할 수 있고, 치료제도 있어요.

감기에 걸려서 죽는 사람은 없지만, 독감에 걸리면 목숨을 잃을 수도 있어요. 그러므로 독감에 걸리면 반드시 병원에 가야 해요. 독감에 걸리면 발열과 오한, 기침, 숨 가쁨, 근육통, 두통 등의 증상이 겹쳐서 나타나요. 어린아이는 설사와 구토 증상이 나타날 수도 있지요. 면역력이 약한 사람은 기관지, 귀, 폐 등에 염증이 생겨서 증세가 나빠질 수도 있어요.

인류를 놀라게 한 바이러스

20세기 이후로 10~40년 간격으로 인류를 위협하는 바이러스가 나타나 전 세계 사람들을 공포로 몰아넣고 있어요. 바이러스가 환경에 적응하기 위해 끊임없이 변이하며 인간의 삶 속으로 파고들고 있기 때문이에요. 동물에게만 있던 바이러스가 변이해 사람에게 전염되기도 해요.

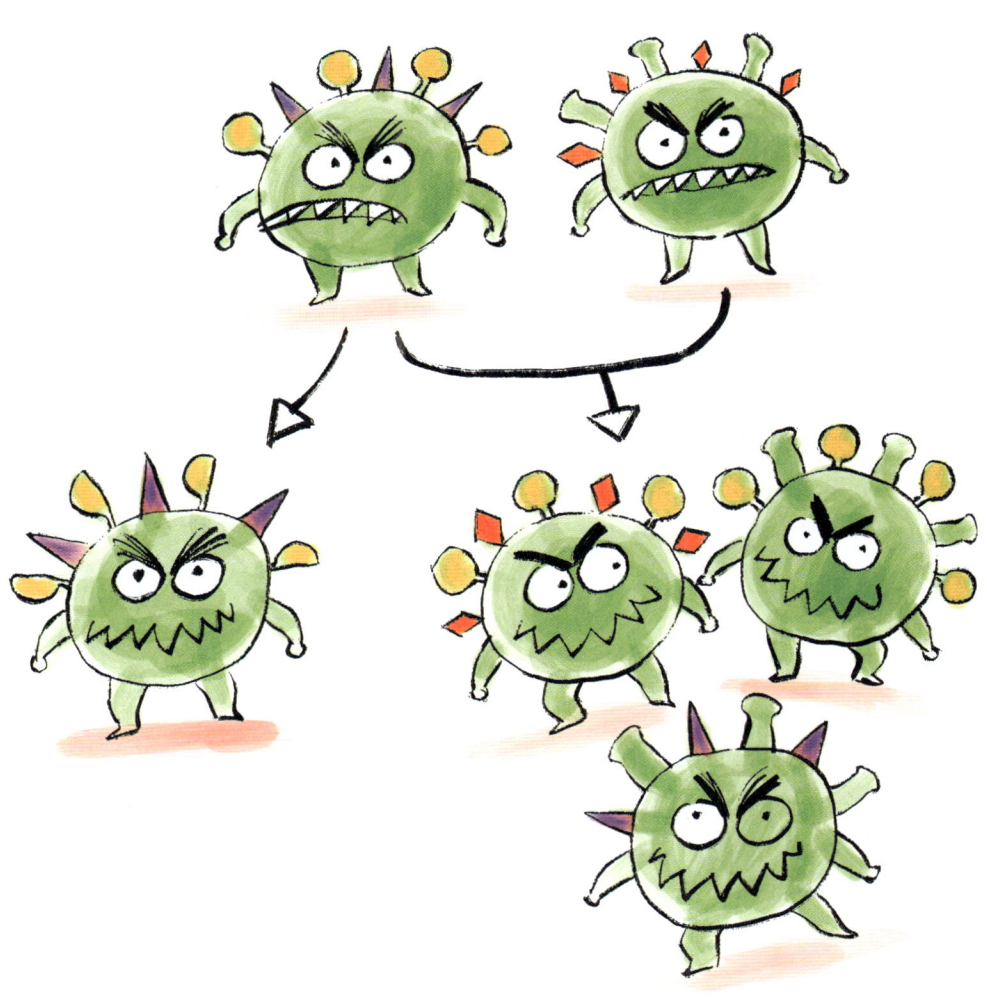

스페인 독감

인플루엔자 바이러스는 A형, B형, C형의 세 가지가 있어요. 인간에게 가장 위험한 것은 A형이에요. 전염성이 매우 높은 A형은 2400년 전에 그리스의 사람들을 괴롭혔고, 고대 로마 시대에는 8000명이 넘는 사람들을 죽음으로 내몰았어요. 그중에서도 가장 악명 높은 것이 1918~1919년에 일어난 스페인 독감이에요. 봄과 가을에 걸쳐 두 번 발생한 이 독감으로 전 세계에서 약 5000만 명이 목숨을 잃었어요. 4년간 일어난 제1차 세계 대전의 희생자 900만 명보다 훨씬 많은 수예요. 이때 아시아에서 가장 큰 피해가 발생했는데, 인도에서만 1700만 명이, 우리나라에서도 14만 명 정도 목숨을 잃었다고 합니다.

제1차 세계 대전

아시아 독감, 홍콩 독감, 러시아 독감

스페인 독감 이후 1957년에 아시아 독감, 1968년에 홍콩 독감, 1977년에 러시아 독감이 발생했어요. 이들 독감을 일으킨 바이러스는 스페인 독감을 일으킨 인플루엔자 A형 바이러스와 형제자매라 할 수 있어요. 인플루엔자 A형 바이러스의 유전자를 둘러싼 단백질들이 작은 변이를 일으켜 발생했거든요.

아시아 독감은 1957년 2월 말에 중국에서 시작되어 같은 해 6월에 미국으로 퍼졌어요. 이 독감으로 미국에서 7만 명, 전 세계에서 200만 명이 사망했어요. 1968년 홍콩에서 처음 발생한 홍콩 독감은 전 세계에서 80만 명에 가까운 사람들의 목숨을 빼앗아갔지요.

러시아 독감은 1977~1989년에 러시아가 소련이었던 시절에 발생했어요. 앞서 이와 비슷한 인플루엔자가 1947~1957년에 유행했기 때문에 이 바이러스를 경험하지 못한 청소년이나 청년이 주로 감염되었지요. 이 독감으로 약 100만 명이 목숨을 잃었어요.

인플루엔자 A형 바이러스의 변이

천연두 바이러스

천연두는 인류 최초의 전염병으로 기록되고 있어요. 고대 이집트 왕의 미라에서 천연두를 앓았던 흔적이 발견된 것으로 미루어 지금으로부터 3300년 전에 천연두가 유행했던 것으로 보고 있지요. 우리나라에서도 예부터 '마마'라고 부르며 매우 두려워했어요.

16세기 초에 스페인(에스파냐)이 아스테카 왕국을 정복할 때 스페인 병사가 데려온 흑인 노예 한 명이 천연두에 걸렸어요. 스페인 병사들은 천연두에 대한 면역이 있었지만, 원주민인 아즈텍족은 면역력이 없어 몇 주 만에 4분의 1이 사망했다고 해요. 아스테카 왕국은 결국 이 바이러스 때문에 멸망하고 말았어요. 20세기에도 전 세계에서 최소 3억 명 이상이 천연두로 목숨을 잃었어요.

1796년, 영국 에드워드 제너 의사가 천연두 백신을 개발했고, 예방 접종으로 인간에게 항체가 생기자 1979년 이후로 환자가 나타나지 않았어요. 이에 세계 보건 기구는 1980년에 천연두가 사라졌다고 선포했답니다.

수두 대상 포진 바이러스

우리나라에서는 천연두를 '큰마마', 수두를 '작은마마'라고 불렀어요. 수두는 열이 나면서 피부나 입안, 콧구멍이나 목구멍 같은 부드러운 점막 등에 붉고 둥근 종기 같은 게 생겼다가 작은 물집으로 변하는 바이러스 전염병이에요. 거의 전 세계적으로 발생하는데, 15세가 되기 전에 많이 걸려요. 어른이 되어 걸리면 폐렴이나 뇌염 등의 합병증이 생길 수도 있지요. 어릴 때 걸린 수두 바이러스는 완전히 사라지지 않고 몸속 신경 세포에 숨어 있다가 어른이 되어 면역력이 떨어지면 대상 포진으로 나타나기도 한답니다.

큰마마 작은마마

홍역 바이러스

홍역은 대부분의 나라에서 백신으로 예방할 수 있지만, 의료 시설이 많지 않은 국가에서는 1~6세의 아이들이 주로 걸려요. 감염된 아이들 10명 가운데 2~3명이 죽을 수 있어요. 미국은 2000년에 홍역이 종식되었다고 선포했어요. 처음에는 감기와 비슷한 증상으로 시작하는데, 차차 입안에 작은 흰 반점이 생기다가 온몸에 좁쌀 같은 붉은 종기가 생겨요. 한 번 앓으면 다시 걸리지 않지만, 어릴 때 백신을 맞아 감염되지 않았다가 어른이 된 뒤에 홍역에 걸릴 수도 있지요. 2018년에만 전 세계에서 976만 명이 걸렸고, 14만 명이 사망했어요.

폴리오바이러스

기원전 1400년경에 이집트 수도 멤피스의 돋을새김에 소아마비 환자의 그림이 있을 만큼 오래전부터 있던 바이러스예요. 입으로 들어와 위를 거쳐 장에서 증상이 나타나는데, 감염자의 대변, 파리, 더러운 물에 오염된 음식물과 물을 통해 전파돼요.

폴리오바이러스에 감염된 사람 100명 중 1명은 소아마비, 곧 운동 신경이 손상되면서 주로 손과 다리 쪽이 마비되는 후유증을 남기지요. 오늘날에는 예방 접종이 잘 이루어져 우리나라에서는 1983년 이후 소아마비 환자가 발생하지 않고 있어요.

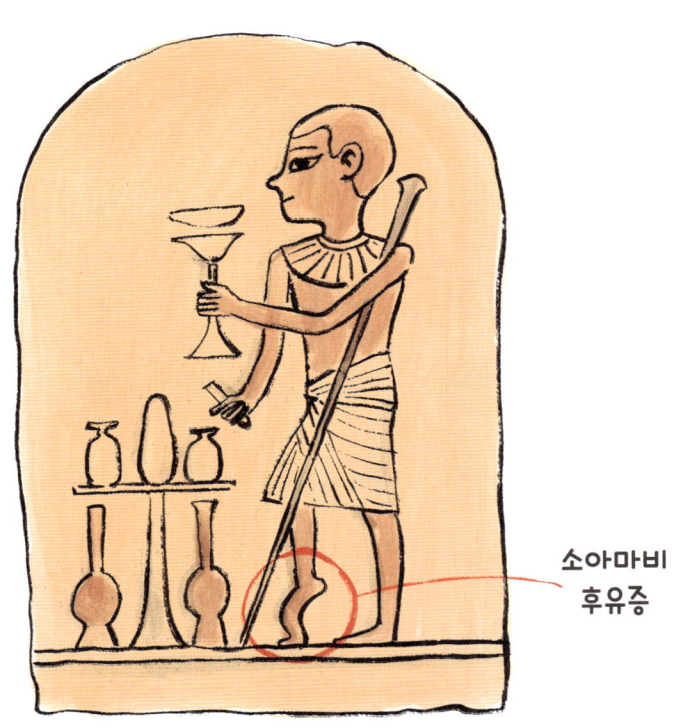

소아마비 후유증

인간 면역 결핍 바이러스(HIV)

인간 면역 결핍 바이러스는 '에이즈'라 불리는 '후천 면역 결핍증'을 일으켜요. 1981년에 에이즈가 처음 세상에 알려졌고, 2년 뒤인 1983년에 이 바이러스가 발견되었어요.

인간 면역 결핍 바이러스에 감염되면 몸살감기처럼 앓기 때문에 아무런 치료를 하지 않아도 멀쩡해요. 그러나 바이러스는 몸속에 머물면서 면역 세포를 파괴하지요. 이 때문에 인간 면역 결핍 바이러스에 감염된 사람은 가벼운 병조차 이겨내지 못하고 위중한 상태에 빠지게 돼요. 에이즈는 성 접촉 또는 수혈을 통해서 감염됩니다. 현재는 이 바이러스가 스스로 복제하는 능력을 막아 주는 항바이러스제가 개발되어 치료제로 쓰이고 있어요.

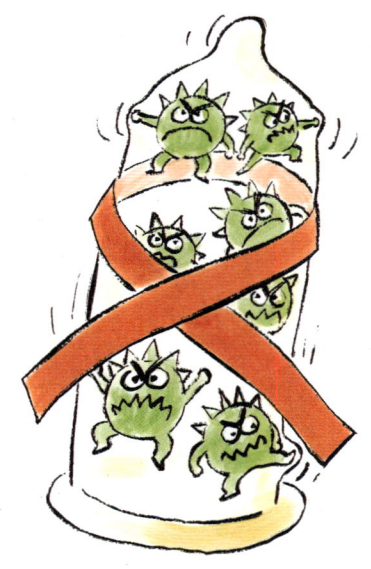

B형 간염 바이러스(HBV)

B형 간염 바이러스는 1965년에 발견되었지만, B형 간염은 훨씬 이전부터 유행했던 질병이에요. 성 접촉이나 비위생적인 기구를 사용해 피부에 상처를 내는 문신과 침, 부황, 피어싱 등을 하거나 환자의 면도기나 칫솔 등을 같이 사용하는 경우, 수혈 등으로 감염되지요. 또 태아 때 엄마 배 속에서 감염되기도 한답니다.

B형 간염 바이러스에 걸리면 우리 몸은 이 바이러스를 제거하기 위해 면역 반응을 일으키는데, 이때 바이러스에 감염된 간세포들이 파괴되면서 간에 염증이 생겨요. 대부분 몇 주간 심하게 앓으면 저절로 낫지요. 하지만 여전히 10명 중 2명은 B형 간염 바이러스를 갖고 있다가 다른 사람에게 전염시키고, 증상이 심하면 간암에 걸리거나 간을 이식해야 해요. 다행히 백신이 있어서 미리 예방할 수 있지요.

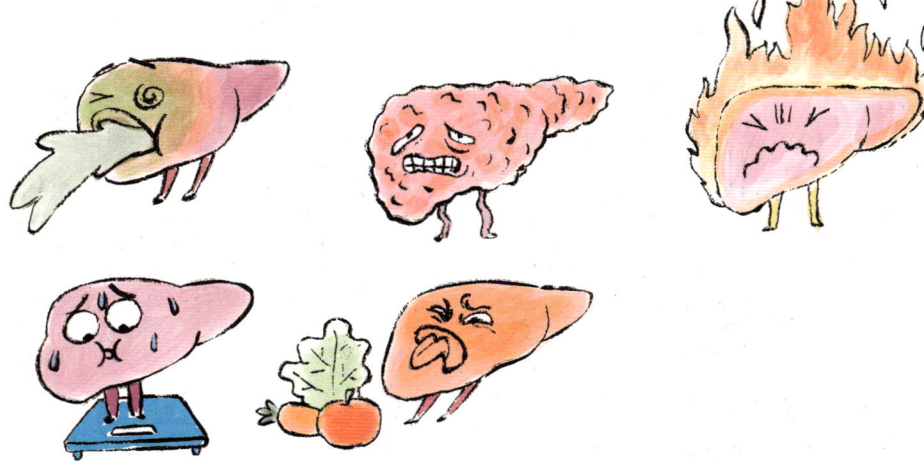

음식으로 감염되는 바이러스

우리가 먹고 마시는 음식으로도 바이러스에 감염될 수 있어요. 익히지 않은 채소와 과일, 해산물 등은 깨끗해 보이더라도 반드시 잘 씻거나 익혀서 먹어야 해요.

A형 간염 바이러스

A형 간염 바이러스는 급성 간염을 일으키는데, B형 간염 바이러스와 달리 오염된 음식물이나 물로 전염돼요. 예전에는 위생이 좋지 못한 개발 도상국에서 많이 발생했지만, 최근에는 위생적인 환경에서 자란 사람들도 걸리고 있어요. 이 바이러스에 걸린 환자와 접촉하거나 수혈을 통해 감염될 수 있기 때문이에요. 요즘에는 마트에서 손질한 채소와 과일을 팔고 있지만, 만일 오염된 물로 씻어 나온 것이라면 A형 간염에 걸릴 수 있어요. 또 익히지 않은 해산물로도 감염될 수 있지요.

A형 간염을 예방하기 위해서는 요리나 식사하기 전, 볼일을 보고 나서는 비누로 30초 이상 손을 깨끗이 씻어야 해요. 채소나 과일은 깨끗이 씻어 껍질을 벗겨 먹는 것이 좋고요.

A형 간염 바이러스는 높은 온도에서 빠르게 죽으므로 끓인 물을 마시거나 충분히 익힌 음식을 섭취하는 것으로도 예방할 수 있답니다. 백신 접종도 큰 효과를 볼 수 있어요.

노로바이러스

　노로바이러스 감염은 증상이 나타나는 기간은 짧지만, 많이 고통스러워요. 처음 나타난 건 1968년 미국의 한 초등학교에서였어요. 대부분의 전교생이 급작스럽게 구토를 하고, 위경련으로 배를 움켜쥐며, 급성 설사를 하기도 했지요.

　우리가 즐기는 피자와 샐러드용 채소, 조개류 등 수많은 식품에서 생길 수 있어요. 노로바이러스는 크기가 작지만, 단 몇백 마리만 있어도 질병을 일으킬 정도로 전염력이 뛰어나지요. 증상이 나타나면 몹시 힘들지만 24~48시간이 지나면 괜찮아져요. 주로 겨울철에 많이 생겨 '겨울 식중독'이라고 부르기도 해요.

　노로바이러스는 영하 30도에서도 죽지 않을 만큼 생명력이 강하므로 냉장고에 보관했던 음식이라 하더라도 반드시 끓여 먹는 게 좋아요.

동물을 매개로 한 바이러스

지구 어딘가에서 살고 있던 바이러스는 일부러 인간을 공격해야겠다고 작정하고 찾아오는 게 아니에요. 적당한 숙주가 나타나면 옮겨가 숙주를 따라 어디든지 갈 수 있어요. 그 과정에서 변이를 일으켜 사람의 목숨을 위협하는 무시무시한 바이러스가 되기도 하지요.

조류 인플루엔자 바이러스

흔히 '조류 독감' 또는 'AI'라고 불리는 조류 인플루엔자는 동물 전염병이에요. 닭이나 오리, 산이나 들에서 사는 야생 조류 등에서 발생하지요. 조류 인플루엔자는 저병원성과 고병원성으로 구분돼요. 계절마다 이리저리 옮겨서 사는 철새들이 퍼트리는데, 대개 증상이 없거나 알을 적게 낳는 정도에 그쳐요. 하지만 집이나 농장에서 키우는 닭, 오리 등으로 옮겨가면 고병원성이 되어 눈 깜짝할 사이에 모두 병들어 죽고 말지요.

이 고병원성 바이러스가 돌연변이를 일으키면 사람까지 감염시킬 수 있어요. 1997년 홍콩에서 처음으로 사람이 감염되었고, 2003년부터 2008년까지 전 세계 15개국에서 400명 가까운 환자가 발생했어요. 이 바이러스는 치사율이 매우 높아요. 걸렸다 하면 10명 가운데 7명 이상이 사망할 정도예요.

조류 인플루엔자 바이러스는 75도 이상에서 5분 이상 가열하면 죽기 때문에 닭이나 오리를 충분히 익혀 먹으면 안전해요. 야생 조류를 직접 만지는 건 피해야 해요.

광견병 바이러스

광견병은 광견병 바이러스에 감염된 동물에게 물리거나 상처를 입었을 때 발생하는 병이에요. 물을 두려워한다고 해서 '공수병'이라고도 해요. 광견병 바이러스가 인체의 신경계를 공격하기 때문에 심한 갈증을 느껴요. 하지만 음식이나 물을 보기만 해도 목 근육이 마구 떨려 침을 많이 흘리게 되고, 물을 두려워하거나 안절부절못하게 돼요. 광견병 바이러스는 주로 개에게서 발견되지만, 야생 동물인 여우, 너구리, 코요테, 스컹크, 박쥐 등에서도 발견된답니다.

광견병 백신은 프랑스의 화학자이자 미생물학자인 루이 파스퇴르가 1885년에 개발했어요. 같은 마을에 살던 친구가 광견병으로 고통스러워했던 기억 때문이지요.

동물용 백신을 판매하지 않거나 백신을 마련할 형편이 안 되는 국가들에서는 여전히 광견병이 골칫거리예요. 그러므로 이런 나라들을 여행할 때는 개나 원숭이에 물리지 않도록 조심해야 해요.

돼지 인플루엔자 바이러스

돼지 인플루엔자는 A형 인플루엔자 바이러스에 의해 돼지에게 생기는, 급성 호흡기 전염병이에요. 1918년 미국의 한 양돈장에서 처음 시작되었는데, 그때 수천 마리에 달하는 돼지가 죽었어요. 이 바이러스는 돼지에게만 머물지 않고 사람까지 감염시켰지요. 1976년에는 미국, 2007년에는 필리핀, 2009년에는 멕시코 사람들이 이 전염병에 걸렸어요.

    2009년에 멕시코에서만 약 150명이 죽었는데, 당시 이 바이러스를 연구한 결과에 따르면 조류와 인간, 돼지에게 각각 감염되는 인플루엔자 바이러스가 조금씩 섞여 있었다고 해요. 돼지 인플루엔자 바이러스는 71도 이상으로 익힌 돼지고기로는 전파되지 않기 때문에 반드시 잘 익혀 먹는 게 중요해요.

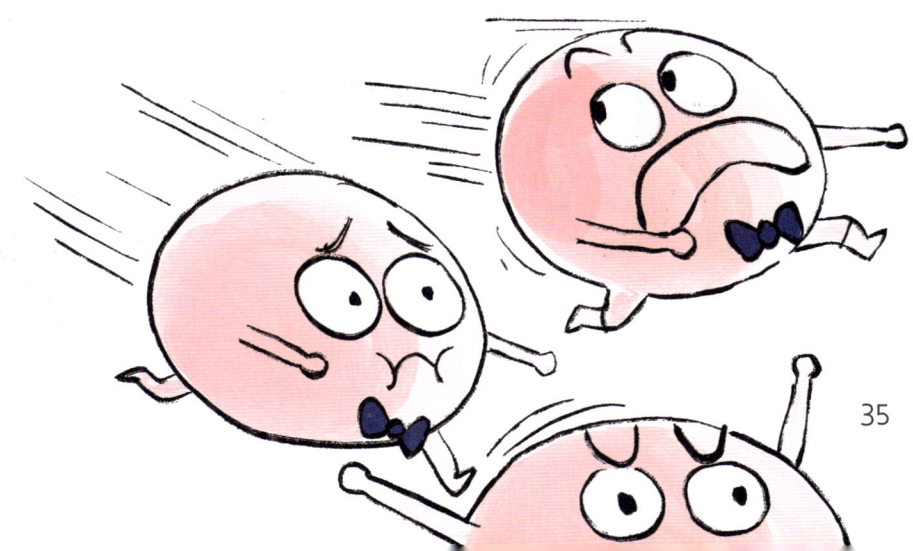

원숭이 마마 바이러스

2003년 미국에서 아이들을 포함한 50여 명이 심각한 피부염과 함께 열이 나는 증상을 보였어요. 해외에서 들여온 애완동물을 취급하는 상점에서 병에 걸린 프레리도그를 만졌기 때문이지요. 이 바이러스는 천연두 바이러스와 친척뻘인데, 원숭이를 비롯해 다람쥐와 아프리카 영양, 쥐를 포함한 설치류 등을 감염시키지요.

이전에는 아프리카 일부 지역에서만 발생했기 때문에 서식지가 북아메리카인 프레리도그가 이 바이러스에 감염되었다는 게 이상했어요. 알고 보니 프레리도그가 아프리카 감비아에서 온 자이언트 래트와 한 창고에 보관되어 있던 사실이 밝혀졌어요. 다행히도 감염된 동물들이 일찍 죽어서 더 전파되지는 않았어요.

니파 바이러스

뇌염을 일으키는 니파 바이러스는 1998년 말레이시아의 돼지 농장에서 일하던 사람에게서 처음으로 발견되었어요. 니파는 이 바이러스를 분리한 지역의 이름이에요. 사람들은 돼지 인플루엔자 바이러스가 돌연변이를 일으켰다고 생각했지만, 범인은 과일박쥐였어요. 사람들이 돼지 농장을 만들기 위해 밀림을 파괴하자, 살 곳을 잃은 과일박쥐들이 먹을 것을 찾아 날아다니다가 돼지 농장을 드나든 게 원인이었죠. 이 과정에서 과일박쥐의 침이 묻은 열매를 먹은 돼지가 감염되었고, 이후 그곳에서 일하던 사람들도 이 바이러스에 옮았답니다. 백신은 아직 개발되지 않았어요.

모기가 옮기는 바이러스

암컷 모기는 알을 낳는 데 필요한 단백질을 얻기 위해 사람이나 동물의 피를 빨아 먹어요. 사람이나 동물의 피는 몸 밖으로 나오면 굳는 성질이 있는데, 모기가 피가 굳는 것을 막는 물질을 뱉어낸대요. 그것이 우리의 피부를 부어오르게 하고 가렵게 해요. 물려서 가려운 것도 짜증이 나는데 바이러스까지 옮기는 모기는 우리에게 참 성가신 존재예요.

황열병 바이러스

황열병 바이러스는 간에 염증을 일으켜요. 이 때문에 황열병에 걸리면 피부와 눈이 누렇게 되는 황달 증상이 나타나요. 주로 아프리카와 남아메리카에서 나타나지만, 이 바이러스를 옮기는 숲모기는 세계 곳곳에서 발견되고 있어요.

유럽인들이 아프리카를 식민지로 삼으려 할 때 황열병 때문에 실패했다고 해요. 1802년에 나폴레옹이 아이티에서 일어난 노예들의 반란을 잠재우지 못한 것도 황열병 때문이지요. 400년 이상 이어져 온 이 질병으로 1700년대에 유럽에서 수십만 명이 고통을 받았고, 1762~1763년에 쿠바를 침공하려던 영국군과 미국군도 수천 명이 목숨을 잃었으며, 1793년 미국 필라델피아에서는 1만 명 정도가 사망했어요. 19세기에는 스페인에서만 30만 명 이상이 목숨을 잃었지요.

황열병을 치료하는 백신이 개발되었지만, 매년 20만 명이 걸리고 그중 1만 명이 죽음에 이른다고 해요. 모기에 물리지 않더라도 감염된 사람들이 이곳저곳으로 여행하면서 옮길 수 있으므로 언제든 새로운 감염자가 생길 수 있어요.

일본 뇌염 바이러스

작은빨간집모기가 옮기는 이 바이러스는 그 존재가 확인된 곳이 일본이라서 '일본 뇌염 바이러스'로 불려요. 주로 돼지와 새들이 많은 시골 지역에서 발견돼요. 돼지와 새들도 감염되지만, 오로지 사람에게만 문제를 일으켜요. 뇌에 심각한 염증을 일으키는데, 감염된 사람 10명 중 3명은 목숨을 잃을 수 있어요. 또는 귀가 들리지 않거나 몸이 마비되는 후유증을 남길 수 있지요.

일본 뇌염은 여름부터 가을까지 가장 많은 환자가 발생하며, 인도와 일본, 한국, 동남아시아 등지에서 주로 나타나요. 백신은 있으나 가격이 비싸서 일부 국가에서는 예방 접종을 못해 일본 뇌염이 발생하곤 해요.

웨스트나일 바이러스

일본 뇌염과 마찬가지로 뇌염을 일으켜요. 1999년 여름 미국 뉴욕에서 까마귀들이 죽은 채 발견됐어요. 그러고는 몇 달 뒤 뉴욕 사람들이 뇌염을 앓기 시작했지요. 이 바이러스는 1937년 아프리카 우간다의 웨스트나일 지역에서 처음 발견되었어요. 모기가 새의 피를 빨아먹고 동물이나 사람한테 옮기는 것으로 알려져 있어요.

기온이 높은 열대 지방에서 발견된 바이러스가 뉴욕까지 온 이유는 지구 온난화 때문이에요. 해마다 미국에서만 수백에서 수천 명에 이르는 뇌염 환자가 발생하고 있어요. 2015년에는 한국에서도 웨스트나일 바이러스가 발견되었지요. 지금까지 백신이나 치료제가 없어 모기에 물리지 않도록 노력하는 일이 최상의 예방책이에요.

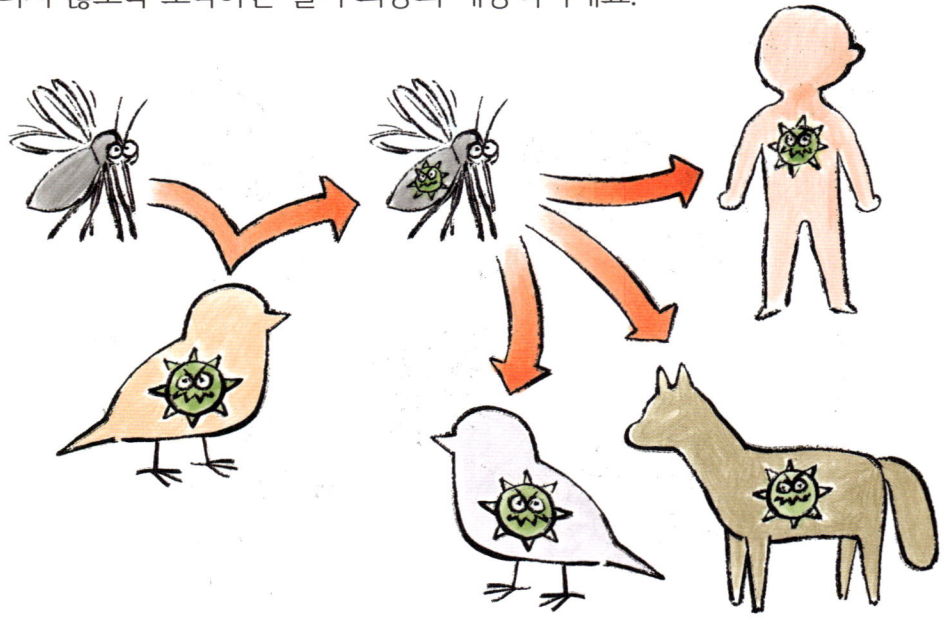

뎅기 바이러스

뎅기 바이러스는 뎅기열과 뎅기출혈열이라는 질병을 일으켜요. 감염된 숲모기에 물리면 며칠 안으로 극심한 두통과 근육통, 피부 발진, 발열 등의 증상이 나타나지요. 뎅기열은 뼈와 관절에 심한 통증을 일으키기 때문에 영어로는 '뼈가 부서지는 것 같은 열병'이라고 해요.

열대 지방이나 아열대 지방에서 비가 많이 오는 우기에 많이 발생해요. 매년 약 5000만 명에서 1억 명의 환자가 발생하는데, 이 가운데 50만 명이 질병으로 입원할 정도예요. 만일 뎅기열이 심해져서 나타나는 뎅기 쇼크를 치료하지 않으면 사망할 수 있어요. 뎅기 바이러스를 죽이는 항바이러스제가 아직 개발되지 않았기 때문에 증상을 완화하는 방법으로 치료해요.

지카 바이러스

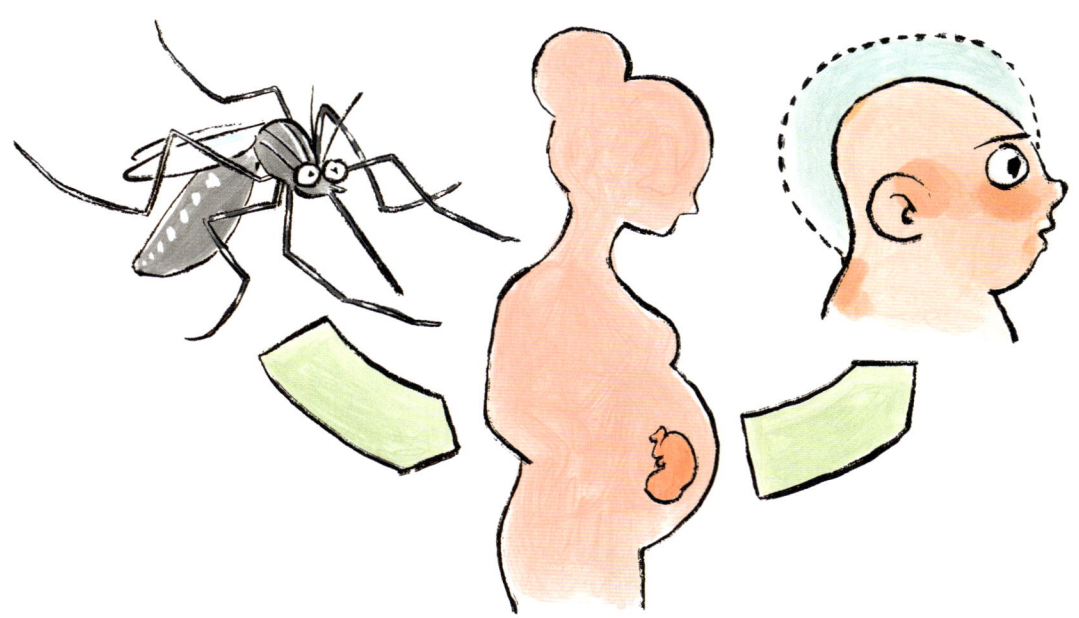

지카 바이러스는 주로 이집트숲모기가 옮기는데, 1947년 우간다의 지카 숲에 사는 붉은털원숭이에게서 처음으로 발견되었어요. 임산부가 이 바이러스에 감염되면 배 속에 있는 태아가 소두증을 갖고 태어날 수 있어요. 소두증은 두뇌가 성장하지 못해 머리 크기가 정상인보다 매우 작은 증상을 말해요. 신생아의 뇌가 손상되면서 발달 장애 또는 뇌성 마비 같은 뇌 질환을 앓을 수 있고, 심하면 사망에 이를 수도 있지요.

2015~2016년에 브라질에서는 우연히 들어온 지카 바이러스로 소두증을 가진 신생아가 200명 넘게 태어났어요. 현재 백신이 개발되었지만, 동물을 대상으로 한 실험까지만 통과된 상태예요.

치쿤구니야 바이러스

'치쿤구니야'는 탄자니아의 마콘데족이 사용하는 마콘데어로 '구부리는 것', '구부려서 걷다'라는 뜻이에요. 이 바이러스는 흰줄숲모기와 이집트숲모기를 통해 감염되지요. 치쿤구니야열에 걸리면 39~40도에 이르는 고열과 관절통에 시달리게 된답니다. 사람뿐만 아니라 원숭이와 새, 소, 쥐 같은 동물도 이 질병에 걸릴 수 있어요. 2005년 레위니옹섬에서 약 25만 명, 2006년 인도에서 수십만 명, 2007년 이탈리아에서 130여 명이 감염된 뒤로 아시아와 유럽, 아메리카에서 나타나고 있어요. 현재 치쿤구니야 바이러스를 퇴치할 백신을 개발하기 위해 노력하고 있어요.

세계를 공포에 몰아넣은 21세기 신종 바이러스

의학이 발달한 21세기에도 바이러스는 인간을 쫓아다니며 위협하고 있어요. '신종'은 새로운 종류라는 뜻으로, 바이러스의 유전자가 변이되어 나타날 때 이 말을 써요. 이전에는 겪어보지 못했기 때문에 사람들은 공포에 떨곤 해요. 언제 또다시 변이를 일으킬지 알 수 없는 바이러스, 인간에게는 재앙이나 다름없어요.

신종 플루

마침내 사람들이 걱정하던 일이 벌어졌어요. 1918년 스페인 독감을 일으켰던 A형 인플루엔자 바이러스가 이번에는 돼지의 몸속에서 변이를 일으켜 사람들을 감염시키기 시작했어요. 신종 독감 바이러스라는 의미로 '신종 플루'라고 불려요. 이 바이러스는 미국을 거쳐 전 세계로 퍼져나간 뒤 74개국에서 3만여 명의 환자가 발생했어요. 그해 6월 11일 세계 보건 기구는 '위기 경보 단계'의 최고 수준인 6단계 '팬데믹'을 선언했어요.

최종적으로 214개국 이상으로 퍼져나갔고, 1만 8500명이 신종 플루로 목숨을 잃었어요. 처음 나타났던 당시에는 많은 사람을 죽음으로 몰고 갔지만, 이제는 계절 독감이 되어 시시때때로 우리를 찾아오고 있어요. 백신과 치료제는 모두 개발되어 있답니다.

에볼라 바이러스

에볼라 바이러스는 1976년 콩고 민주 공화국의 에볼라 강에서 처음 발견되었어요. 과일박쥐에서 시작된 이 바이러스는 혈관으로 이동해 모든 장기를 감염시켜 우리 몸을 지키는 면역계를 망가뜨려요. 제때 치료를 받지 않으면 결국 코와 입에서 피를 쏟다가 숨을 거두게 되지요. 일주일 이내에 사망할 확률이 50~90퍼센트나 되는 무서운 질환이에요. 2014~2016년에 라이베리아와 시에라리온, 기니 등지에서 유행해 1만 1300여 명이 사망했고, 2018~2020년에 콩고 민주 공화국에서 2264명이 사망했지요. 2019년에 백신이 개발되었어요.

사스 코로나바이러스

코로나바이러스의 돌연변이로, 2002년 중국 광둥 지방의 어느 시골에서 조용히 나타나 '사스'라는 신종 감염병을 일으켰어요. 사스는 '중증 급성 호흡기 증후군'의 줄임말로, 급성 폐렴을 일으키는 질환이에요. 사스가 발병하면 열이 나고, 기침을 많이 하며, 숨쉬기가 힘들어져요. 심각한 폐렴으로 이어져 목숨을 잃을 수 있지요. 홍콩과 타이완, 싱가포르, 베트남 등의 아시아 지역과 캐나다, 미국 등 29개국에서 7개월 동안 8096명의 환자가 발생했고, 774명이 사망했어요. 백신이 아직 개발되지 않았어요. 가장 효과적인 예방은 손을 깨끗이 씻는 거예요.

메르스 코로나바이러스

2012년 중동에서 시작된 메르스는 급작스레 호흡기에 문제를 일으키며 많은 사람에게 퍼져나갔어요. 25개 국가에서 1167명의 감염자가 발생했고, 479명이 사망했어요. 우리나라는 사우디아라비아에 이어 메르스 환자가 두 번째로 많았는데, 186명이 감염되었고 38명이 목숨을 잃었어요.

메르스 코로나바이러스 또한 코로나바이러스의 돌연변이예요. 이 바이러스를 사람에게 옮긴 것은 등에 혹이 하나 있는 단봉낙타예요. 하지만 단봉낙타는 중간 숙주일 뿐 원래는 이집트무덤박쥐가 가지고 있던 바이러스라고 해요. 2015년부터 사람에게 안전한 백신을 만들기 위해 노력하고 있어요.

코로나19

2019년 12월 느닷없이 중국 후베이성에 나타나 전 세계로 퍼져나간 코로나19의 바이러스 또한 코로나바이러스의 돌연변이예요. 사스보다 1000배나 전염력이 강하지만 치료제도 백신도 없어요. 다행인 점은 이 바이러스가 에이즈를 일으키는 인간 면역 결핍 바이러스와 비슷하다는 것을 알아내 에이즈 치료제를 사용해 치료하고 있으며, 신종 플루 등의 치료제로도 효과를 보고 있다는 거예요.

세계 보건 기구는 1968년 홍콩 독감과 2009년 신종 플루에 이어 2020년 3월 12일 세 번째로 팬데믹을 선언했어요. 2020년 7월, 전 세계적으로 1500만 명 이상이 코로나19에 걸렸어요.

주요 감염병 세계 오염 지역 현황

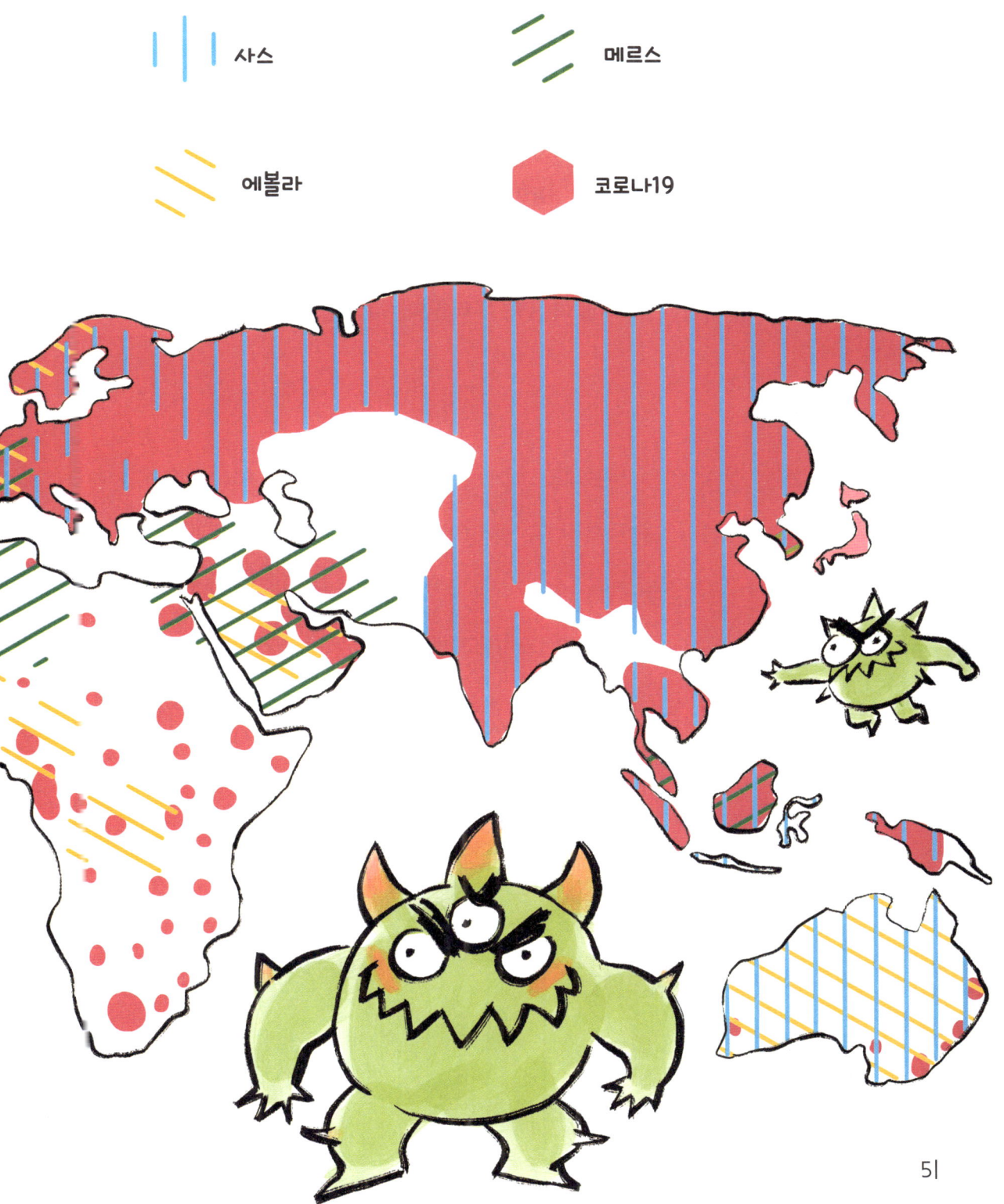

 생태계의 역습, 바이러스의 변이

 바이러스는 저 홀로 바람을 타고 날아오는 게 아니에요. 비나 눈처럼 하늘에서 내리는 것도 아니지요. 바이러스는 살아 있는 세포가 있어야만 이동하며 생존할 수 있습니다. 인간이 일부러 바이러스를 찾아내서 옮기는 것도 아닌데, 어떻게 해서 불쑥불쑥 우리 앞에 나타나는 걸까요?

종간 장벽

 바이러스는 살아 있는 세포라고 해서 무조건 기생하는 게 아니에요. 바이러스마다 조류나 돼지, 사람 등 생존하기에 꼭 알맞은 숙주가 따로 있어요. 조류 바이러스는 새들 속에서 살아가고, 동물 바이러스는 동물 속에서 살아가지요. 이를 '종간 장벽'이라고 해요.

 종간 장벽은 매우 굳건해서 인간과 동물, 조류 사이에서 서로 간에 어떠한 영향도 끼치지 않아요. 이를테면 감염된 철새의 똥으로 바이러스가 퍼졌을 때 닭이나 오리는 감염되어도 인간에게는 아무 일도 일어나지 않는 경우와 같아요.

코로나바이러스와 인플루엔자의 변신

 리노바이러스, 아데노바이러스와 함께 감기를 일으키는 3대 바이러스

가운데 하나인 코로나바이러스는 닭에서 처음 발견되었어요. 소나 돼지 같은 동물들에게는 매우 치명적이지만, 사람에게는 가벼운 증상만 일으킬 뿐이지요. 하지만 최근 10년간 코로나바이러스의 돌연변이가 나타나 인간을 위협했어요. 그 예로 사스와 메르스, 코로나19 등을 들 수 있지요.

독감을 일으키는 인플루엔자는 동물 세포에 기생해 살아요. 특히 물에서 사는 야생 조류를 좋아하지요. 하지만 종간 장벽을 넘어 인간에게 옮겨져 계절성 독감과 신종 플루를 일으켰고, 많은 사람을 죽음으로 내몰았어요.

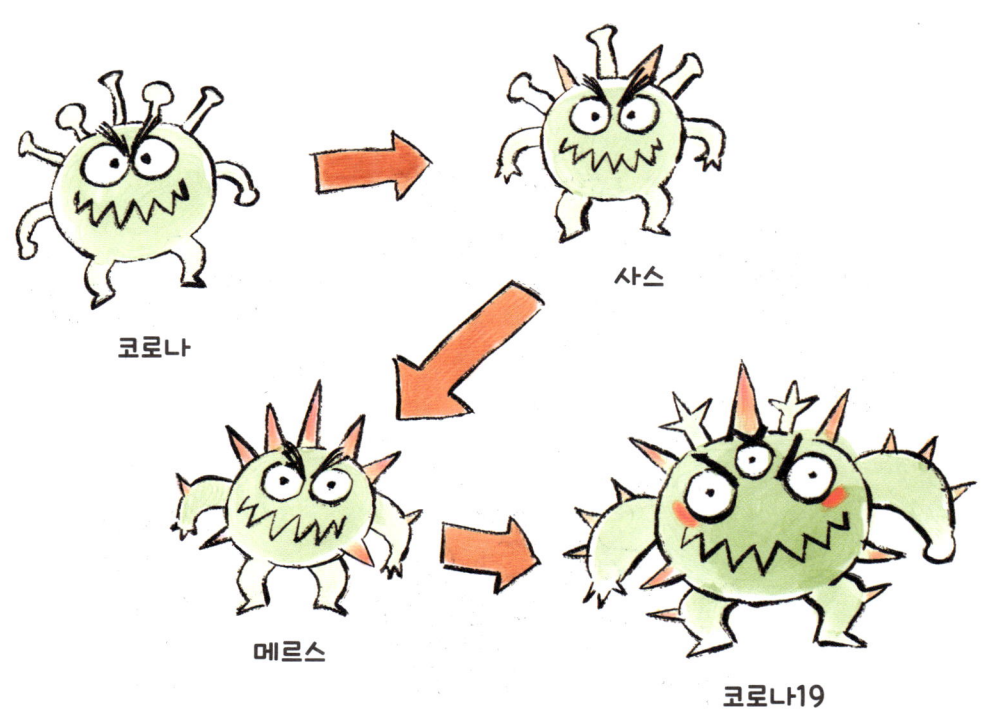

바이러스의 치밀한 생존법

바이러스는 생존을 위해 종간 장벽을 뛰어넘는 돌연변이를 일으켜요. 그 예로 조류 바이러스가 동물이나 집에서 기르는 닭에게로 옮겨와 살다가 변이를 일으켜 사람을 감염시키는 것을 들 수 있어요. 이때 조류와 인간 사이에 있는 닭이 중간 숙주가 되는데, 중간 숙주의 몸속에서 조류 바이러스와 동물 바이러스가 뒤섞여 신종 바이러스가 탄생하지요. 여러 바이러스를 믹서기에 넣고 갈아서 만든 것 같다고 하여 이를 '믹서기 이론'이라고 해요.

신종 플루도 마찬가지예요. 각기 다른 새들에게서 온 4종류의 조류 바이러스가 조류와 사람, 돼지를 거쳐 8개의 유전자를 가진 신종 인플루엔자로 탄생한 것이지요.

신종 바이러스를 두려워해야 하는 이유

바이러스가 변이를 일으키면 독성과 전염성이 더 강해질 수 있어요. 그래서 최종적으로 머물게 된 숙주에게 매우 치명적인 해를 입혀요. 사람들은 새로 나타난 돌연변이에 대한 면역력이 없어 목숨을 잃게 되고, 빠르게 전파되는 특성으로 순식간에 많은 사람이 감염돼요.

과학자들은 신종 바이러스가 계속해서 나타나고 더 자주 변이를 일으킬 것이라고 해요. 우리는 감염병에 걸리지 않도록 면역력을 높이고 손을 자주 씻는 등 예방에 신경 써야 해요.

동물이나 조류 바이러스가 인간에게 온 까닭

 사람에게 위협이 되는 바이러스는 대부분 열대 지역 정글에 사는 원숭이, 쥐, 박쥐 사이에 퍼져 있었어요. 에이즈는 서아프리카의 녹색원숭이에게 있던 바이러스예요. 2019년 그리스에서 뇌염을 일으킨 웨스트나일 바이러스는 조류를 감염시키던 바이러스이지요.

 사람들은 밀림을 개발한다는 이유로 숲과 나무를 파괴하고, 야생 동물을 사냥하기 위해 정글로 들어갔어요. 이로써 삶의 터전을 잃은 동물들은 살아갈 장소와 먹이를 구하기 위해 사람의 영역을 침범할 수밖에 없었어요. 그때부터 신종 바이러스가 사람과 접촉하며 영향을 끼치기 시작했답니다.

신종 바이러스의 주범은 인간?

물에서 사는 조류를 좋아하는 인플루엔자 바이러스는 야생 오리나 기러기 같은 철새에 기생하며 살아요. 어느 날 갑자기 철새로 옮겨간 게 아니에요. 원래 조류는 이 바이러스를 가지고 있답니다.

인플루엔자 바이러스는 야생 조류의 몸속에서는 질병을 일으킬 정도로 자라지 않아요. 바이러스가 기생하는 숙주가 죽는 순간 바이러스도 죽거나 다른 숙주를 찾아 떠나야 하기 때문이에요. 굳이 바이러스가 이사할 필요가 없으므로 변이를 일으키지도 않지요.

우리 인간도 대장에 유해균인 대장균과 유익균인 비피두스균, 락토바실루스균 등을 가지고 있어요. 이 균들이 우리의 장 속에서 균형을 이루면 별 탈이 없는 것과 같은 이치이지요.

동물과 그 동물에 기생하는 바이러스가 방해받지 않고 그들끼리 잘 산다면 인간을 위협하는 신종 바이러스가 생길 이유도 없겠지요?

바이러스는 도시를 좋아해

바이러스는 뇌가 없지만 꽤 똑똑해요. 최대한 많은 수로 오래 살아남기 위한 나름의 전략을 펼치고 있지요. 사람의 호흡기에서 제 식구 늘리기를 좋아하는 바이러스가 침방울에 섞여 이동하려면 인구가 붐비는 대도시가 제격이에요. 기침 한 번만으로도 이곳저곳으로 옮겨갈 수 있으니까요.

바이러스는 특히 노인들이나 아이들을 좋아해요. 이들은 면역력이 약하기 때문에 바이러스가 옮겨가기 아주 쉬워요. 또 증상이 잘 나타나지 않으므로 바이러스가 아주 많이, 멀리 그리고 오래도록 퍼져나갈 수 있어요.

도시는 교통이 발달했어요. 버스와 기차, 비행기 등의 운송 수단이 한 번에 많은 사람을 실어 나르기 때문에 그만큼 전파 속도가 빠릅니다. 또 여행도 늘었어요. 이제는 산 넘고 물 건너는 일이 쉬워져서 전 세계 어디로든 바이러스가 옮겨갈 수 있어요. 또 무역이 증가하면서 각종 육류의 수입뿐만 아니라 애완동물 등의 수입도 늘어 이전에는 경험하지 못한 신종 바이러스가 얼마든지 그리고 어디든지 나타날 수 있어요.

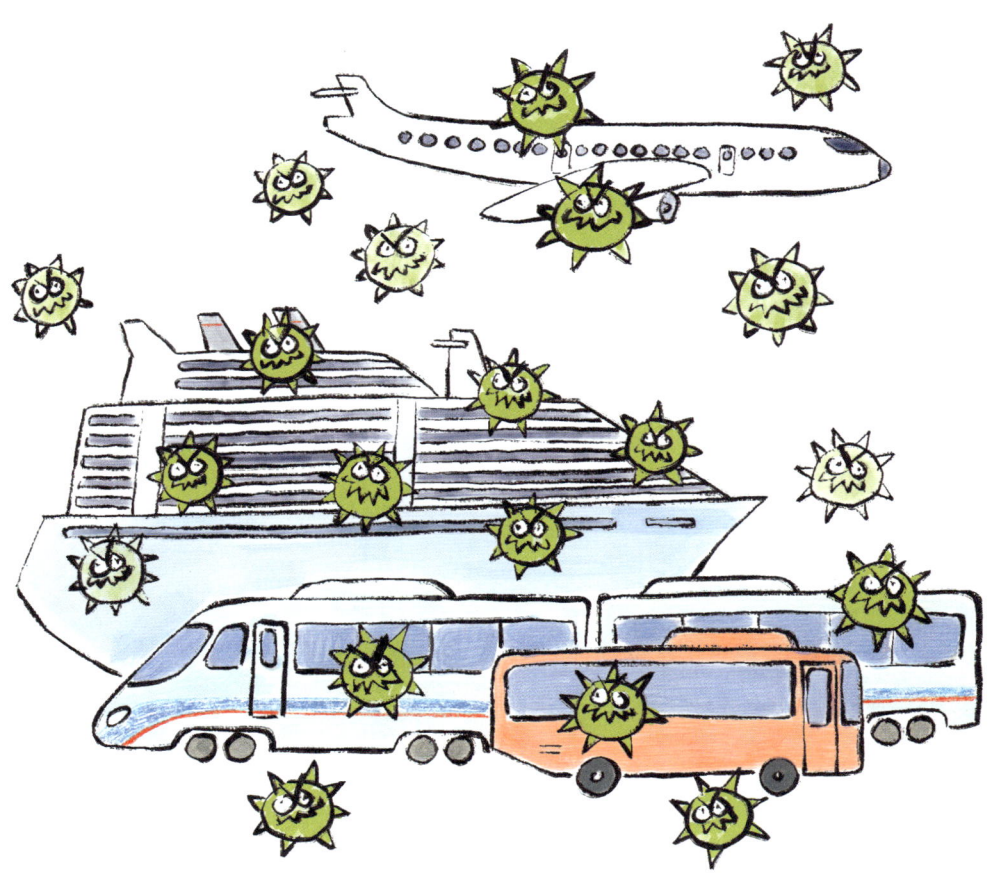

흔들리는 세계 경제와 백신 전쟁

바이러스에 집단으로 감염되면 전염병이 전파되는 것을 막기 위해 나라에서 사람들의 이동을 제한하기도 해요. 그러면 식당이나 상점도 찾는 사람이 없어 문을 닫게 되지요. 질병에 걸린 사람이 많으면 공장과 회사도 문을 닫아야 해요. 병원은 환자들로 가득 차게 되고, 그 와중에 의사와 간호사마저 병에 걸리면 병을 고칠 사람이 없어 사망자가 늘어가지요. 사람과 물자를 실어 나를 기차나 자동차도 달리지 못하고, 비행기도 뜨지 못해요. 그러면 물자와 먹거리가 부족해지고 물가마저 오르게 돼요.

2020년 7월까지 코로나19로 세계 경제가 3조 8000억 달러, 우리나라 돈으로 따지면 4566조 8400억 원의 손해를 입었다고 해요. 또 전 세계에서 1억 4700만 명이 일자리를 잃었다고 합니다. 인간의 욕심에서 비롯된 자연의 파괴로 생명의 위협은 물론 어마어마한 경제적 손실까지 입고 있는 실정이랍니다.

코로나19로 나라마다 경제 활동에 차질이 생겼어요. 한국을 제외한 거의 모든 나라에서 사람들이 감염되는 것을 막기 위해 다들 집에 머물도록 했어요. 이를 '봉쇄 조치'라고 해요. 직장인들은 집에서 일하고, 학생들은 온라인 수업을 받고, 식료품점 같은 몇몇 상점들을 제외하고는 모두 문을 닫아야 했죠.

세계 보건 기구의 팬데믹 선언 두 달 뒤부터는 사람들이 다시 외출할 수 있게 됐지만, 사람들은 여전히 코로나19에 걸리고 있어요. 아직은 예전처럼 일을 할 수 없거나 일자리를 잃은 사람이 많기 때문에 세계 경제의 미래는 어둡기만 해요.

전 세계가 앞다퉈 백신 개발에 나서고 있지만, 사람이 안전하게 백신을 접종하기 위해서는 동물 실험과 인체 실험 등 많은 시간이 필요해요. 백신이 개발된다 해도 거의 전 세계 사람들이 원하기 때문에 백신을 담는 작은 병이나 주사기를 만드는 것조차도 일 년 안에 다 만들 수 없대요.

이런 와중에 경제 강국인 몇몇 나라들은 가장 먼저 백신을 구하기 위해 '백신 전쟁'에 뛰어들었어요. 코로나 백신을 먼저 개발하는 나라는 엄청난 돈과 기회, 그리고 세계적 영향력까지도 거머쥘 수 있기 때문이죠. 예전에는 돈이 많거나 군사력이 강한 나라가 강대국이었지만, 이제는 백신이나 치료제를 개발한 나라가 세계 1등 국가가 될 거예요.

 바이러스에 대처하는 우리의 자세

바이러스가 변이를 일으켜 지독하게도 못된 바이러스가 된다 해도 우리는 충분히 이겨낼 수 있어요. 서로서로 '생활 속 백신'인 마스크 착용, 손 씻기, 거리 두기를 하면 되지요. 또 면역력을 유지하기 위해 규칙적으로 운동하고 음식을 골고루 먹고요.

바이러스는 자연을 이루는 모든 생명체에 영향을 끼치므로 자연을 지켜야 우리도 보호받을 수 있음을 잊지 말아요.

우리를 지켜 주는 면역계

우리의 건강을 해치는 바이러스와 세균, 곰팡이 등은 주변의 어느 곳에나 득실거려요. 손이나 발, 입안에도 병균이 있고, 청소가 잘된 방에도 세균이 있지요. 그런데도 우리가 건강한 이유는 우리 몸에 면역계가 있기 때문이에요. 만일 면역계가 없다면 우리는 이 지구에서 살아갈 수 없을 거예요.

'면역계'란 병원체가 우리 몸에 들어오는 것을 막거나 들어왔을 때 몸 안에서 물리치는 신체 기관이나 세포를 말해요. 병원체들은 코나 음식물, 상처를 통해 우리 몸속으로 들어오려고 호시탐탐 기회를 노려요. 하지만 면역계가 가만히 있을 리 없지요.

1차 방어

피부는 병원체의 침입을 막아 주는 보호막 역할을 해요. 콧구멍의 털은 공기 중의 더러운 물질을 걸러내지요. 코점막에 있는 면역 세포는 재채기하게 만들어서 바이러스를 떨어져 나가게 한답니다. 피부로 덮여 있지 않은 눈은 병원체가 침입하면 많은 눈물을 내보내 바로 씻겨 내려가게 해요. 또 눈물 속에는 세균을 죽이는 물질도 포함되어 있어요. 침에도 세균을 막아 주는 물질이 들어 있어요. 입안이 마르면 세균이 잘 번식하게 되므로 물을 자주 마시는 게 좋아요.

코나 호흡 기관, 소화 기관 안쪽의 부드러운 벽을 점막이라고 해요. 우리 몸에서는 점막이 건조해지지 않게 끈끈한 점액이 분비되는데, 점막에 바이러스가 침투하면 점액을 많이 분비해서 바이러스와 함께 몸 밖으로 내보내지요. 이때 나온 점액을 '가래'라고 해요. 때로는 바이러스가 점액에 뒤섞여 위로 들어가기도 하는데, 이때는 강력한 위산이 바이러스를 녹여 없앤답니다.

2차 방어

바이러스에 감염되면 열이 나고 염증이 생겨요. 이것은 몸속에 있는 면역 세포들이 바이러스와 전쟁을 벌이고 있다는 뜻이에요. 이때 혈액 속에 있는 면역 물질인 '사이토카인'이 출동해 면역 세포들에게 명령을 내리며 지휘해요. 싸울 수 있는 세포들을 더 많이 만들어내라고 하고, 바이러스를 막을 수 있는 단백질을 만들라고 하고, 바이러스와 싸우는 데 중요하지 않은 단백질은 너무 많이 만들지 말라고 신호를 보내지요. 이렇게 해서 모인 면역 세포들은 바이러스를 직접 죽이거나 바이러스가 감염된 세포를 먹어 치운답니다.

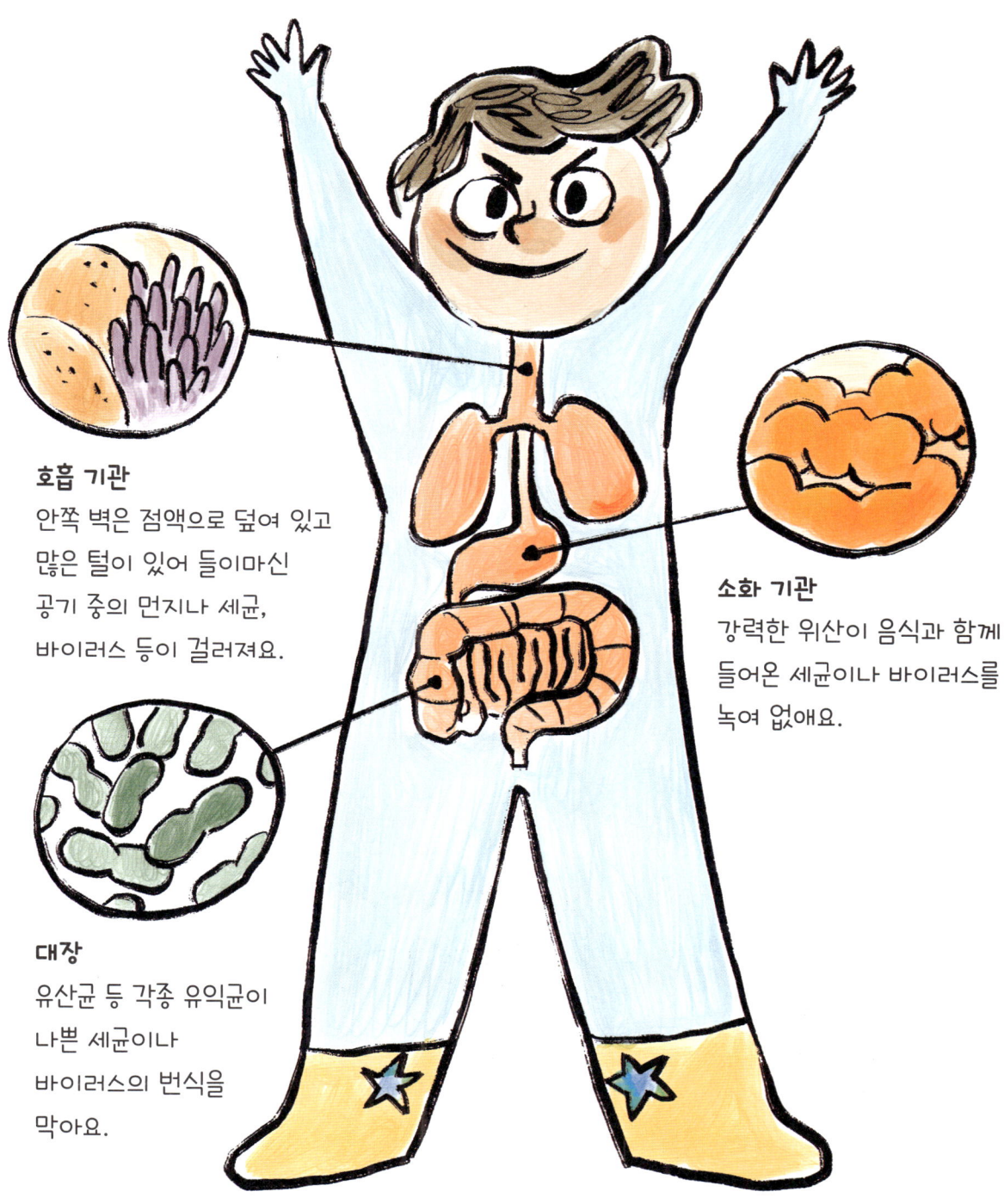

예방 주사를 맞아야 하는 이유

면역계가 이렇듯 일을 똑똑하게 잘하는데도 어른들은 예방 주사를 맞아야 한다고 합니다. 우리가 병에 걸렸다가 나으면 바이러스와 싸울 때 만들어진 항체와 단백질 등이 혈액 속에 남게 되는데, 이것들이 우리 몸속으로 다시 들어온 바이러스를 물리쳐요. 이를 '후천 면역'이라고 해요. 그 예로 천연두나 홍역 같은 전염병은 감염됐다가 나으면 다시는 걸리지 않아요.

모두가 태어날 때부터 가지고 있는 '선천 면역'으로 바이러스를 물리칠 수 있는 건 아니에요. 면역계가 바이러스를 이기지 못하면 심하게 앓다가 또 다른 병에 걸릴 수 있어요. 물론 죽을 수도 있지요. 따라서 미리 조작한 바이러스가 담긴 예방 주사를 맞아 면역 세포가 미리 대비하도록 하는 거예요.

바이러스를 물리칠 인간의 또 다른 무기, 백신

 바이러스를 일부러 몸속에 넣는다고 하니 너무 위험하고 무섭다는 생각이 들지요? 바이러스를 분리한 뒤 만든 거니까 걱정하지 않아도 돼요. 바이러스의 독소만 없애거나 바이러스를 죽여 주사하는 거니까 독성이나 전염성이 없답니다. 이것을 '백신'이라고 해요.

 예방 주사는 맞은 뒤 곧바로 효과가 나타나는 건 아니에요. 1~2주일 지나야 면역이 생겨요.

예방 주사 맞기 전   예방 주사 맞은 뒤

항바이러스제

항바이러스제는 바이러스에 감염되었을 때 쓰는 치료제를 말해요. 우리 몸속에 침투한 바이러스의 작용을 약하게 하거나 사라지게 하는 데 쓰이지요. 2009년에 전 세계적으로 유행한 신종 플루 때는 타미플루가 치료제로 쓰였어요. 타미플루는 복제된 바이러스가 퍼지지 못하게 막아 병이 더 깊어지지 않게 하는 효과가 있어요. 이 밖에 항바이러스 단백질인 인터페론, 면역 글로불린 등도 바이러스의 작용을 억제하는 물질에 속한답니다.

신종 바이러스 치료제

바이러스는 인류가 지구상에 나타나기 전부터 존재해 왔어요. 이러한 바이러스 가운데 2003년에 유행했던 사스와 2012년에 유행했던 메르스, 2019년 말부터 나타난 코로나19 등을 신종 바이러스라고 하는데, 여기서 '신종'이란 지구 어딘가에 있던 바이러스가 변이를 일으켜 인간 앞에 처음 나타났다는 뜻이에요. 어느 날 갑자기 영화 속 외계인처럼 없던 존재가 나타난 것은 아니에요.

신종 바이러스가 나타날 때마다 많은 사람이 고통에 시달리고 심지어 목숨을 잃기도 해요. 적절한 치료제와 백신을 개발하는 데 많은 시간과 연구가 필요하기 때문이에요. 다만 빠른 치료를 위해 이전에 사용했던 바이러스 치료제를 활용하기도 해요. 먼저 나타났던 바이러스와 새로 나타난 바이러스가 같은 종일 경우에는 유전자도 비슷하므로 이전에 효과를 나타냈던 항바이러스제들을 사용하는 것이지요.

과거   현재

바이러스를 이겨내는 데 꼭 필요한 예방 주사

아기가 엄마의 배 속에 있을 때는 엄마의 면역력으로 건강을 유지할 수 있어요. 하지만 태어난 뒤에는 스스로의 힘으로 바이러스나 세균과 맞서야 하므로 미리 예방 주사로 면역력을 키워 주지요. 예방 주사가 없거나 부족하던 시대에는 많은 아기가 목숨을 잃기도 했어요.

아기가 주사를 맞는 건 안타깝지만, 태어나자마자 곧장 결핵과 B형 간염 예방 주사를 맞아요. 이후 자라면서 개월 수나 나이에 따라 세균 감염을 막기 위한 백신과 폴리오, 홍역, 수두, A형 간염, 일본 뇌염, 사람 유두종 바이러스, 인플루엔자 등의 백신을 접종해요.

아기들의 예방 접종은 한 번으로 끝나지 않아요. 두세 번씩 맞아야 하는 것들도 있고, 해마다 맞아야 하는 독감 예방 주사도 있지요. 예방 주사는 생각만 해도 싫지만, 질병에 걸리면 일주일에서 심하면 몇 달 동안 아플 수 있어요. 또 다 낫더라도 후유증이 남을 수 있지요.

따끔하지만 잠깐만 참으면 많은 바이러스와 세균으로부터 자신을 지킬 수 있답니다.

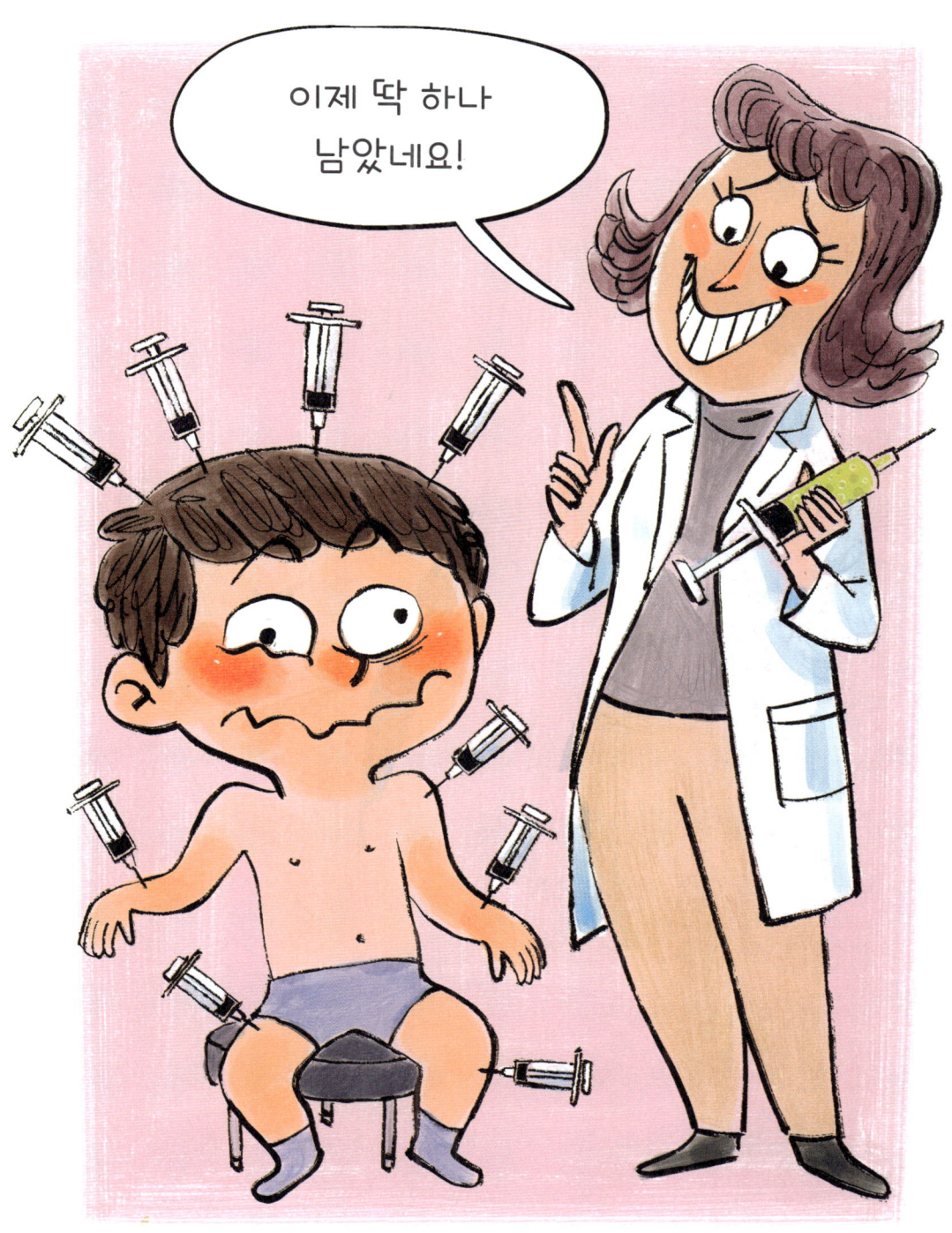

신종 바이러스의 감염을 피하려면

언제 어떤 '신종' 바이러스가 나타날지 모르고 어떤 변이가 일어날지 모르기 때문에 인간이 바이러스를 완전히 정복하는 일은 쉽지 않을 것 같아요. 따라서 신종 바이러스가 나타나면 백신이나 치료제가 개발될 때까지 건강을 지키며 조심하는 게 최선이에요.

마스크

바이러스는 침 한 방울로도 몇 분 또는 몇 시간 살아 있을 수 있어요. 그러므로 기침이나 재채기를 할 때는 반드시 휴지나 손수건, 소매 등으로 입을 가려야 해요.

만일 내가 감염되었다면 다른 사람에게 옮기지 않도록 마스크를 써야 해요. 코로나19처럼 전파가 빠르고 증상이 잘 나타나지 않아 누가 감염되었는지 알 수 없다면 환자가 아니어도 마스크를 써야 하지요. 마스크는 바이러스로부터 나를 지켜 줄 뿐만 아니라 다른 사람에게 전파되는 것을 막아 주기 때문이에요. 메르스가 유행했을 때 한 환자가 병원과 약국 등을 돌아다니며 7500명을 만나거나 지나쳤는데, 다행히도 환자가 마스크를 하고 있어서 그 사람들 모두 메르스로부터 무사할 수 있었어요.

사람이 붐비는 곳, 특히 그곳이 실내라면 마스크를 해도 감염을 피할 수 없어요. 따라서 되도록 외출을 삼가야 해요. 엘리베이터 같은 좁은 공간도 마찬가지예요. 코로나19의 경우 한국에서는 많은 사람이 모여 예배를 보는 교회에서 집단 감염이 일어났고, 그들이 다른 사람에게 옮겨서 수천 명의 감염자가 발생했답니다.

손 씻기

손을 자주 깨끗이 씻어야 해요. 손 씻기는 여러 번 강조해도 지나치지 않아요. 손을 씻을 때는 흐르는 물에 비누를 이용해 30초 이상 아주 꼼꼼하게 씻어야 해요. 물로 씻을 수 없는 상황이라면 알코올 성분이 들어 있는 손 소독제로 손을 골고루 비벼 준 뒤 말리는 게 좋아요.

엘리베이터의 버튼이나 버스 또는 지하철의 손잡이도 함부로 만지지 않도록 해요. 그곳에 남아 있던 바이러스가 내 손으로 옮겨올 수도 있거든요. 어쩔 수 없이 만졌을 때는 근처에 마련되어 있는 손 소독제나 휴대용으로 가지고 다니는 손 소독제로 반드시 소독해 주어야 해요. 마스크는 겉면을 만지지 않고 귀에 건 줄을 이용해 벗어요. 겉면을 만지면 그곳에 묻어 있던 바이러스가 다시 손으로 옮겨오기 때문이에요. 마스크를 잘 벗은 뒤에도 다시 손을 씻어야 한다는 걸 잊지 마세요.

습도 높이기, 환기 자주 하기

이 방법은 집이든 학교든 실내라면 반드시 실천해야 해요. 공기가 건조하면 바이러스가 더 극성을 부리기 때문에 습도를 높여야 하지요. 바이러스는 습기를 아주 싫어하거든요.

밀폐된 공간에서는 창문을 자주 열어 환기를 시켜야 해요. 실내에서 갇혀 있던 오염된 공기를 내보내고 신선한 바깥 공기를 들여보내면 바이러스 감염을 어느 정도 예방할 수 있답니다.

05 아리송한 바이러스 전염병 파헤치기

오늘날 암도 치료할 수 있는데 눈에 보이지도 않는 그깟 바이러스쯤이야 하는 생각이 들기도 합니다. 주사 한 방이나 약 한 알이면 금방 사라질 것 같기도 하지요. 하지만 바이러스는 사람의 예상을 보란 듯이 비껴가요.

신종 바이러스를 재빨리 알아차릴 수는 없을까?

바이러스는 열과 습기에 약하기 때문에 날씨가 선선해지는 환절기나 대체로 습도가 낮은 겨울에 자주 문제를 일으켜요. 이때는 신종 바이러스로 인한 질병뿐만 아니라 코점막이 특정한 물질에 반응하는 알레르기 비염, 감기, 계절 독감 등도 나타나는 시기예요. 공통으로 재채기와 콧물, 코 막힘 같은 증상이 생기지요. 그래서 사람들은 가벼운 감기쯤으로 여기곤 해요.

또 신종 바이러스가 등장했다는 사실을 알아채도 사람들이 어떤 종류의 바이러스에 감염되었는지 확인해야 해요. 그러려면 먼저 감기나 독감 등과 구별해낼 수 있는 시약을 개발해야 하지요. 시약을 만들려면 바이러스의 유전자를 잘 아는 전문 연구원과 고도의 과학 기술이 필요해요.

백신을 미리 만들어 놓으면 안 될까?

전쟁이나 자연재해에 대비해 식량과 구급상자를 미리 준비하듯이 전염병이 유행하기 전에 미리 백신을 만들어두면 정말 좋을 거예요. 그러나 백신은 현재 유행하고 있는 특정 바이러스만 공격하기 때문에 병이 발생한 뒤라야 백신을 만들 수 있어요. 또 돌연변이가 자꾸 생기므로 미리 대처하기가 어렵지요.

게다가 만들어 놓은 백신은 일 년이 지나면 효과가 사라져요. 질병을 예상하고 미리 잔뜩 만들어두었는데 그 병이 유행하지 않으면 쓸모가 없어 모두 버려야 하지요. 그러면 백신을 만들었던 회사는 어떻게 될까요? 아마 쫄딱 망하고 말 거예요.

백신을 빨리 만들면 되지 않을까?

과학자나 연구원들이 백신을 빨리 만들어 세상에 내놓으면 얼마나 좋을까요? 그러면 많은 사람이 바이러스를 겁내거나 질병에 걸릴까 봐 걱정할 필요가 없겠죠. 하지만 이 일이 그렇게 쉬운 일이 아니랍니다. 백신을 만드는 데는 빠르면 6개월 정도 걸리기도 하고, 심지어 몇 년이 걸리기도 해요.

백신을 만들 때는 달걀을 이용해요. 장차 병아리가 태어날 달걀에 바이러스를 넣어 키운 뒤 화학 물질로 바이러스가 전염되지 않도록 조작해요. 그리고 달걀에 알레르기 반응을 일으키지 않도록 순수한 물질로 만들어요. 이렇게 만들어진 백신을 곧바로 사용하면 좋겠지만, 효능과 안전성을 검사하기 위해 동물을 대상으로 하는 동물 실험과 사람을 대상으로 하는 임상 시험을 거치게 됩니다.

한 사람이 맞을 백신을 생산하는 데 적어도 한 개 이상의 달걀이 필요해요. 이 달걀은 전염병에 걸리지 않은 건강한 닭이 낳은 것이어야 해요. 1000만 명이 백신을 맞아야 한다면 달걀도 1000만 개가 필요하고, 달걀을 낳는 닭도 그만큼 청결하게 잘 관리해야겠지요.

독감 예방 주사를 맞았는데 왜 독감을 조심해야 한다고 하는 걸까?

80개 나라에 있는 110곳의 감시 센터에서 인플루엔자 정보를 세계 보건 기구에 보내요. 세계 보건 기구는 이 정보들을 살펴서 수많은 인플루엔자 가운데 어떤 것이 유행할지 예측하지요. 보통 세 종류를 정해서 백신을 만드는데, 이 세 종류를 제외한 다른 인플루엔자가 유행한다면 예방 주사를 맞았어도 독감에 걸릴 수 있답니다.

바이러스에 감염되었는데 열이 안 날 수도 있을까?

노인들은 젊은 사람과 달리 면역 세포의 활동이 느리고 그 수가 적어요. 열이 난다는 것은 면역 세포가 바이러스와 맞서 제대로 싸우고 있다는 뜻이에요. 노인들의 면역 세포는 바이러스를 물리칠 만큼 충분하지도 않고 활동적이지도 않기 때문에 그만큼 열이 나지 않지요. 따라서 제때 치료를 받지 못하는 경우가 많아요.

감염병에 걸리면 왜 물을 많이 마시라고 하는 걸까?

콩팥의 기능이 떨어진 사람을 제외하고 누구든 물을 많이 마셔야 해요. 코와 목, 기관지, 폐가 마르면 바이러스가 더 잘 달라붙거든요. 따라서 물을 마실 때는 벌컥벌컥 들이켜는 것보다 조금씩 자주 마셔 주는 게 좋아요.

열이 나면 우리 몸은 체온을 36.7도로 유지하기 위해 밖으로 땀을 내보내요. 땀을 배출시키며 체온을 낮추는 것이지요. 이때 땀으로 수분이 빠져나가 물이 부족한 탈수 증상이 일어나면 면역 세포가 제 기능을 할 수 없어요. 탈수가 심하면 의식을 잃을 수도 있답니다.

바이러스를 무기처럼 쓸 수 있을까?

신종 플루가 처음 나타났을 때 미국은 바짝 긴장했어요. 9·11테러 이후 탄저균 공격을 받았기 때문에 또다시 생물 테러가 발생한 게 아닌가 하고 걱정했었답니다. 피부에 닿으면 염증을 일으키고, 호흡기로 들어가면 폐렴을 일으키는 탄저균은 짧은 기간에 많은 사람의 목숨을 빼앗을 수 있어요. 씨앗처럼 포자 상태로 수십 년 동안 흙 속에서도 살아남을 수도 있지요.

반면, 바이러스는 질병이 퍼지는 데 시간이 걸리고, 사람에 따라 저절로 치료되기도 해요. 또 공기 중에서는 오래 살아남지 못해요.

바이러스를 무기로 활용하려면 무엇보다 아군에게 전혀 피해가 없어야 해요. 하지만 바이러스는 아무리 영리하다고 해도 아군과 적군을 구별하지 못해요. 결국은 모두에게 엄청난 피해를 주게 되겠지요.

사람에게 이로운 바이러스는 없을까?

발효를 돕는 바실루스균(고초균)이나 장내 환경을 좋게 만드는 유산균처럼 이로운 균도 있는 세균과 달리 바이러스는 인간에게 해로워요. 다만 세균을 숙주로 삼는 바이러스인 '박테리오파지'는 인간의 질병을 치료하는 데 활용되고 있어요.

박테리오파지는 '세균을 먹는다'는 뜻이에요. 세균을 녹여서 식구를 늘려나가므로 세균을 죽이는 바이러스인 셈이지요. 설사를 일으키는 이질이나 콜레라 같은 세균성 질병을 치료하는 데 이용되고 있어요.

박테리오파지는 다른 바이러스들과 달리 기묘하게 생겼어요. 아폴로 11호의 달 착륙선과 똑 닮았답니다.

치료제를 복용하면 곧바로 나을까?

치료제를 복용하자마자 바이러스가 싹 사라지면 얼마나 좋을까요? 그래도 약을 먹으면 증상이 약해져요. 그사이에 우리 몸의 면역계가 기운을 차려 바이러스를 극복하지요. 약은 가능한 한 빨리 먹어야 효과가 좋아요. 적어도 48시간 이내에 복용하는 것을 권하고 있답니다.

조류 바이러스가 사람에게도 전염될까?

'종간 장벽' 때문에 전염되지 않아요. 바이러스가 살아 있는 세포로 들어갈 때는 바이러스 겉면의 오톨도톨한 돌기가 열쇠 역할을 하는데, 이것이 '수용체'와 잘 맞아야만 침입할 수 있어요. 수용체란 바이러스의 돌기와 결합해 바이러스를 세포 안으로 들어오게 하는 물질이에요. 자물쇠의 구멍 같은 역할을 하는 것이지요. 조류 바이러스가 가진 열쇠와 인간에게 있는 자물쇠의 구멍은 모양이 달라요. 또, 조류는 소화 기관에 그 문이 있지만, 인간은 호흡기에 문이 있어요. 문이 다르니 자물쇠의 구멍도 모양이 다르겠지요. 따라서 아무 바이러스나 들어올 수 없어요.

하지만 조류 바이러스가 돼지에게 옮겨갈 수는 있어요. 새와 돼지는 동물이잖아요. 돼지에게로 가서 변이를 일으키고, 그 바이러스가 다시 인간에게 옮겨간다면 감염이 일어나게 된답니다.

왜 면역계는 신종 바이러스를 이겨낼 수 없을까?

바이러스가 수를 늘려가는 과정에서 자주 돌연변이를 일으키기 때문이에요. 그중에서 바이러스의 유전자를 감싸고 있는 단백질의 구조가 바뀌면 우리 몸의 면역계가 그 바이러스를 알아차리지 못해요. 마치 쫓기는 범인이 옷을 바꿔 입거나 머리카락 색을 바꾸거나 성형 수술을 해서 경찰이 자신을 못 알아보게 만드는 것과 같아요.

사스와 메르스, 코로나19의 주범을 박쥐로 보는 이유는?

2003~2004년에 홍콩 대학교에서 각종 야생 동물을 대상으로 바이러스를 검사했어요. 이때 세 종류의 박쥐에서 코로나바이러스가 검출되었어요. 박쥐는 날개가 달린 동물이지만 조류가 아니라 사람이나 돼지, 말과 같은 포유류예요. 이는 박쥐가 가진 바이러스가 같은 포유류인 인간에게도 전염될 수 있다는 뜻이죠.

지구상에 포유류는 4600여 종이 있어요. 그중에 박쥐는 과일박쥐와 곤충박쥐, 흡혈박쥐 등 925종이 있습니다. 이 박쥐들은 바이러스를 가지고 있어요. 무려 137종이나 되는데, 동물과 사람 사이에 서로 전파될 수 있는 '인수 공통 감염병'을 일으키는 바이러스가 61종이나 되지요.

그중 하나가 코로나바이러스예요. 사스와 메르스, 코로나19를 일으킨 바이러스는 코로나바이러스의 돌연변이지요. 중간 숙주 역할을 하는 돼지처럼 인간과 가까운 동물의 몸속에서 변이를 일으켜 인간에게 치명적인 바이러스로 바뀌었다고 보고 있어요.

인간이 그동안 저질러 온 일들을 생각하면 박쥐만을 탓할 수는 없어요. 박쥐들이 사는 곳을 망쳐놓은 건 우리 인간이니까요.

기적의 약이라는 항생제로 치료할 수 없을까?

항생제는 바이러스가 아닌 세균에 효과가 있어요. 기침과 감기, 중이염, 인후통 같은 바이러스 감염에는 효과가 없지요. 하지만 사람들은 항생제가 바이러스 질환도 치료할 수 있다는 믿음으로 함부로 써왔어요. 그 결과 우리 몸에 사는 세균들이 항생제의 특징을 기억하게 되었지요. 이른바 '내성'이 생긴 거예요. 이로써 쉽게 전염되고 더 심각한 질환을 일으키며 강력한 항생제에도 듣지 않는 슈퍼 박테리아가 나타났어요.

여기서 중요한 사실은 손을 깨끗이 씻으면 바이러스처럼 슈퍼 박테리아도 막을 수 있답니다.

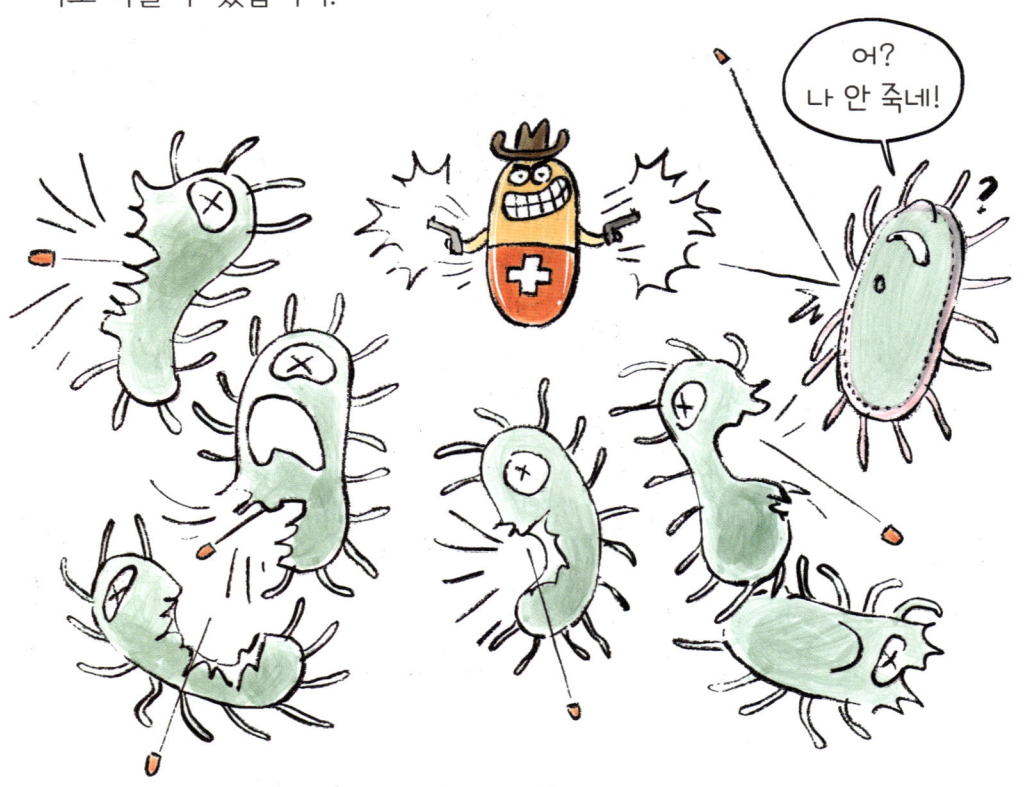

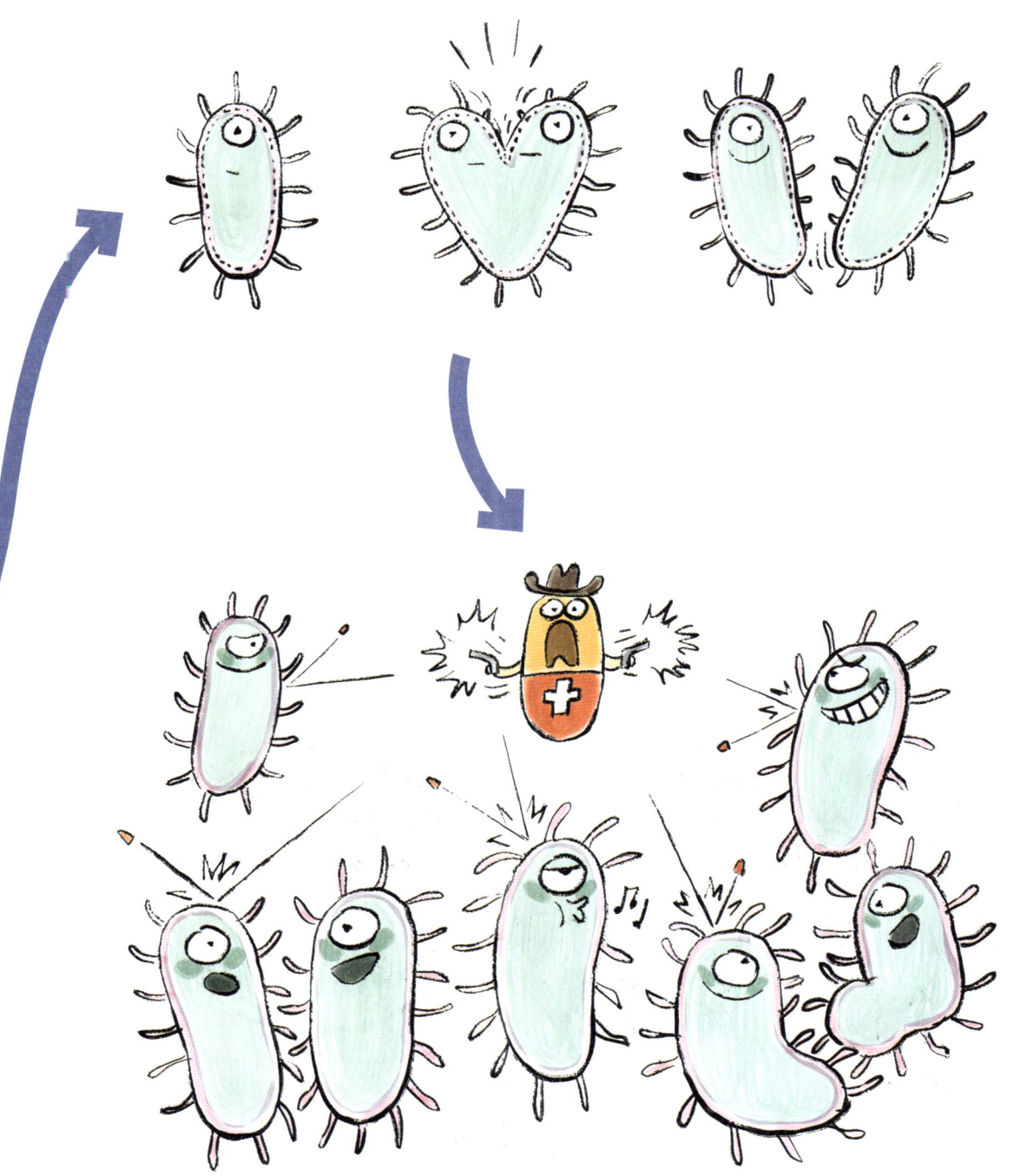

 알쏭달쏭 바이러스 용어 파헤치기

    신종 바이러스가 유행하기 시작하면 뉴스에서는 온통 바이러스에 관한 이야기뿐입니다. 얼마나 심각하게 말을 하는지 창문만 열어도 바이러스에 걸릴 것 같아요. 게다가 알아듣기 어려운 말들이 서로 엉켜서 머릿속이 복잡해지지요. 어른들은 과연 그 내용을 다 알아듣는 걸까요? 엄마와 아빠에게 물어보세요. 아마도 시원스레 대답하지 못할 거예요. 그만큼 어렵다는 뜻이지요. 그래도 차근차근 읽어 나가다 보면 조금씩 이해할 수 있을 거예요.

감염병과 전염병

바이러스나 세균 등의 병원체가 우리 몸에 들어와서 갑자기 그 수가 늘어나는 것을 '감염'이라고 해요. 감염으로 병이 나는 것을 '감염병'이라고 하지요. 세균에 의해 식중독에 걸려 구토나 설사하는 것을 예로 들 수 있어요. 감염병이 늘 남에게 옮는 것은 아니에요. 감염병 중에서도 사람 간 접촉이나 물과 공기를 통해 누군가에게 옮길 수 있는 질병을 '전염병'이라고 해요.

감기는 코로나바이러스, 리노바이러스 등으로 생기는 감염병이고, 독감은 인플루엔자 바이러스로 생기는 감염병이에요. 그리고 둘 다 다른 사람의 기침이나 재채기 등으로 옮을 수 있는 전염병이기도 하지요.

사실 감기는 전염병치고는 심각하지 않은 편이에요. 하지만 '전염병'이라고 하면 매우 심각하게 들리는 게 사실이에요. 그래서 오늘날에는 '감염병'이라는 용어로 바꾸어 사용하고 있어요.

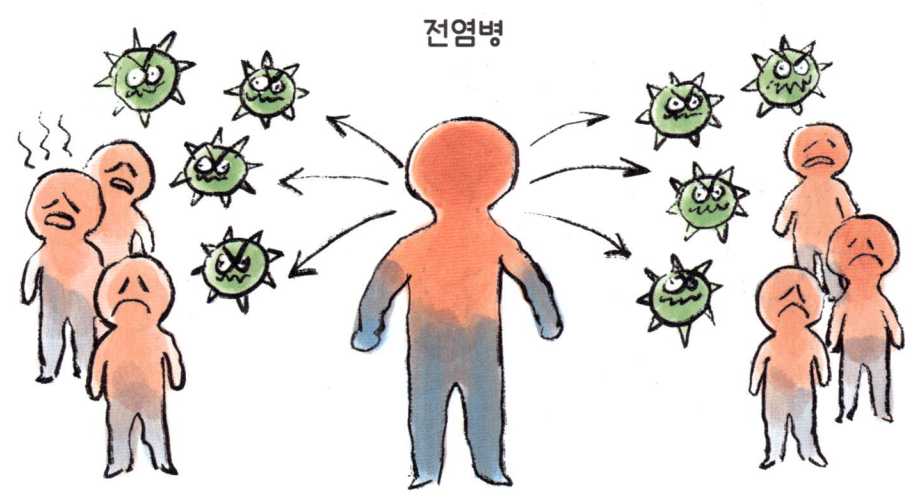

항원과 항체

항원은 살아 있는 생물에 침입해 항체를 만들게 하는 단백질로 된 물질이에요. 세균과 바이러스, 곰팡이, 알레르기를 일으키는 물질 등을 항원이라고 해요. 예를 들어 달걀이나 꽃가루는 그 자체로 해롭지 않으나 천식과 두드러기 같은 알레르기 반응을 일으키는 원인이므로 항원에 속해요.

항체는 항원의 자극으로 몸속에서 만들어져 항원과 결합하는 물질을 말해요. 항원을 꼭 끌어안아 활동하지 못하게 막거나 공격하지요.

3가와 4가

독감 예방 주사를 맞으러 가면 3가와 4가로 구분해 가격을 달리 써 붙여 놓은 것을 볼 수 있지요. 3가와 4가의 차이는 백신에 포함된 바이러스의 종류와 개수에 따른 거예요. 3가 백신은 A형 바이러스 2종과 B형 바이러스 1종이고, 4가 백신은 3가 백신에 B형 바이러스 1종을 추가한 것이랍니다.

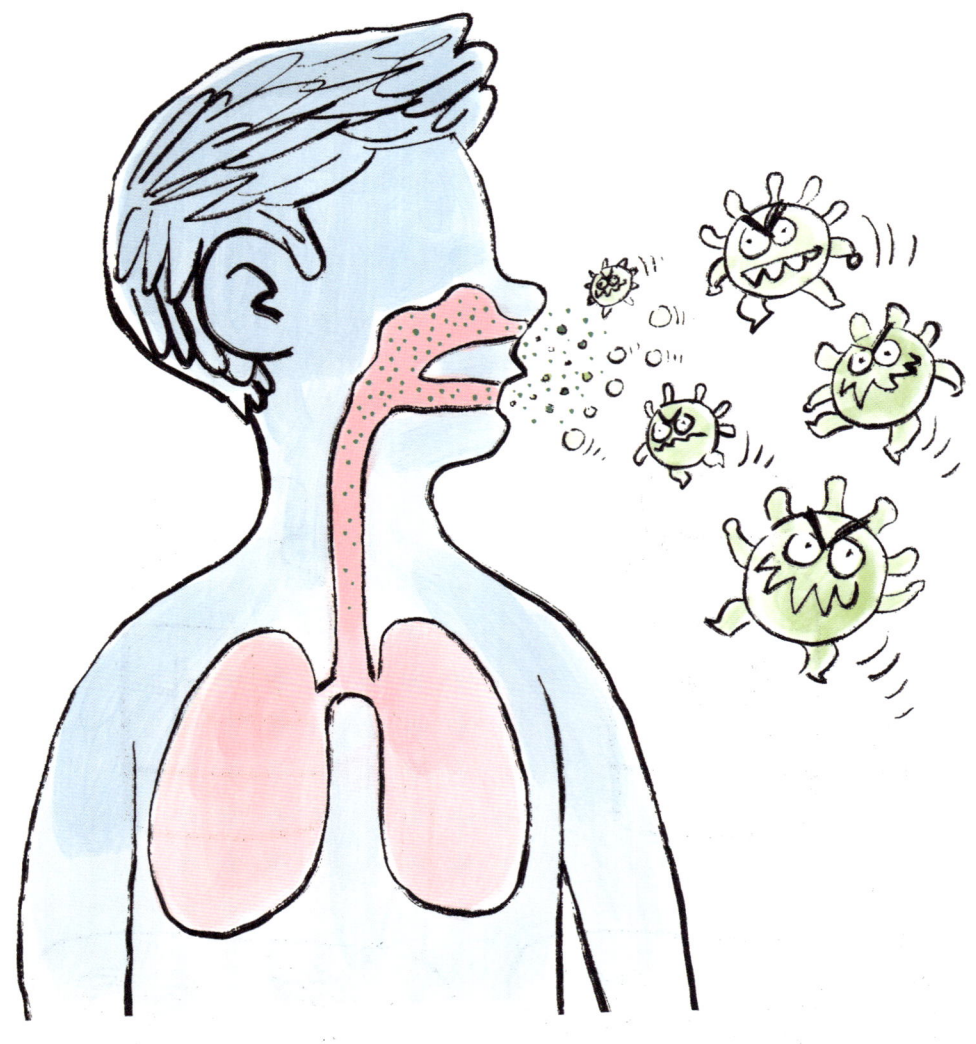

비말과 에어로졸

 비말은 날아 흩어지거나 튀어 오르는 물방울을 뜻해요. 곧, 사람의 입을 통해 나오는 침방울을 말하지요. 비말은 입자가 커서 바닥으로 떨어지지만, 공중에 흩어져 있는 동안 눈이나 코, 입 등에 묻으면 바이러스를 퍼트릴 수 있어요. 우리가 스스로 알지 못하는 사이에 손으로 얼굴을 자주 만지기 때문이지요. 손에 묻은 바이러스는 다른 사람과 접촉하면서 옮겨갈 수 있어요.

독감 바이러스는 최소 2~6시간 안에 전염돼요. 쇠 또는 플라스틱 표면에서는 24~48시간까지도 살아 있을 수 있어요. 문손잡이나 엘리베이터 버튼에서도 옮을 수 있으니 조심해야 해요.

에어로졸은 비말보다 작은 침방울이에요. 기침이나 재채기로 튀어나오는 순간 증발해서 사라지지요. 하지만 바이러스의 양이 침방울 속에 많고 오랫동안 환기가 되지 않은 곳에서는 에어로졸로 감염될 수 있어요. 입자가 작은 에어로졸이 서로 뭉쳐서 마르지 않기 때문이지요.

검체

검사에 필요한 재료를 말해요. 대표적으로 혈액과 소변, 대변, 가래, 침, 머리카락, 손톱 등을 들 수 있어요.

유증상자

유증상자란 말 그대로 특정 바이러스에 감염되었을 때 나타나는 증상들을 보이는 사람을 말해요. 그렇다고 해서 감염되었다는 건 아니에요. 예를 들어 바이러스에 감염되면 열이 나고 마른기침에 목구멍이 아프고

코가 막히는데, 이런 증상은 알레르기 비염 환자에게서도 나타나요.

따라서 유증상자를 가려내고 검체를 채취해 양성인지 음성인지 검사해야 바이러스 감염자인지 정확하게 알 수 있어요.

음성과 양성

검사를 시행한 검체에서 바이러스가 일정 수치보다 적게 나오거나 반응이 전혀 없을 때를 '음성'이라고 하고, 일정 수치보다 많이 나왔을 때를 '양성'이라고 해요. 바이러스가 인체에 침입해서 증식하면 바이러스의 수가 빠른 속도로 엄청나게 늘어나므로 검사를 통해 음성과 양성을 구분할 수 있어요. 양성은 바이러스에 감염되었다는 뜻이에요.

고위험군

감염병이 유행할 때 걸리기 쉽고, 금방 위중한 상태가 되는 사람들을 말해요. 65세 이상 노인이나 평소에는 증상이 그다지 심하지는 않으면서 잘 낫지 않아 오랫동안 앓고 있는 만성 질환자, 5세 미만의 어린이, 임신부나 아이를 낳은 지 2주가 지나지 않은 산모, 몸무게가 표준 체중의 50%를 넘는 고도 비만자 등이 여기에 속해요. 간이나 골수, 신장 등을 이식받은 환자, 항암 치료 중인 암 환자는 특별히 더 조심해야 하지요.

에구구, 난 아직 젊다고!

기저 질환

감염병의 사망자 가운데 대부분은 기저 질환을 앓는 사람들이에요. 어른들이 흔히 '지병'이라고 하는 기저 질환은 평소 본인이 앓고 있는 만성 질환을 뜻해요. 고위험군 환자들이 가지고 있는 당뇨와 천식, 만성 기관지염, 폐 공기증, 선천성 심질환, 고혈압, 뇌경색, 간경화, 만성 간염, 암, 루푸스, 척수 손상, 간질, 비만 등이 기저 질환에 속해요.

기저 질환이 있으면 면역력이 약해 바이러스에 더 쉽게 감염되지요. 또 회복 속도가 늦고, 완치도 어려워요.

대증 요법

어떤 질환에 걸린 환자를 치료할 때 원인이 아니라 증상만 없애는 치료법을 말해요. 인플루엔자 바이러스에 감염되어 독감에 걸리면 바이러스를 없애는 게 아니라 열이 나면 해열제를, 기침이 나면 기침을 가라앉히는 약을, 가래가 생기면 진해 거담제를 사용해 증상을 없애거나 가볍게 만드는 거예요. 그러면 면역 세포가 다시 힘을 내서 바이러스와 싸울 수 있어요.

중증 질환

병을 앓을 때 나타나는 증상이 아주 심각한 암이나 심장 마비, 뇌졸중 같은 질병을 말해요. 바이러스로 생긴 감염병에서 자주 일어나는 중증 질환은 폐렴과 콩팥이 제 기능을 하지 못해 몸에 노폐물이 쌓이는 신부전, 콩팥이 망가져 주요 장기가 상하는 다발성 장기 손상, 바이러스의 독소가 계속 혈관으로 들어가 온몸을 돌면서 심한 중독 증상이나 급성 염증을 일으키는 패혈증 등이 있어요.

역학 조사와 전수 조사

어떤 지역이나 집단에서 질병이 일어났을 때, 전염병이 어디서 어떻게 발생했고 어떤 식으로 전파되었는지를 알아내고, 전염병이 사라지는 조건 등을 밝히는 것을 역학 조사라고 해요. 최근에 감염을 일으킨 사람부터 추적해 가는 방식이지요. 전염병을 효과적으로 막으려면 필요한 과정이에요.

전수 조사는 전염병의 대상이 되는 사람들을 하나하나 전부 조사하는 것을 말해요.

지역 사회 감염

지역 사회 감염이란 바이러스 등의 병원체가 크게 퍼져 일상에서 발생하는 감염을 말해요. 감염된 사람과 접촉한 적도 없고, 질병이 시작된 곳을 여행하지 않았는데도 감염된 경우가 이에 해당해요. 역학 조사를 해도 감염된 경로를 알 수 없을 때는 지역 사회 감염이 시작되었다고 합니다.

밀접 접촉자와 일상 접촉자

병균에 감염된 환자나 증상이 나타나지 않았지만 병균을 가지고 있는 보균자 또는 그 배설물 등과 접촉한 사람을 '접촉자'라고 해요. 잠복기가 지나면 환자나 보균자가 될 수 있어 빨리 찾아내야 하지요. 바이러스에 감염되고 증상이 나타난 사람과 얼마나 함께 오랫동안 머물렀는지, 감염병 환자가 그때 마스크를 썼었는지 등을 확인하고 역학 조사관이 밀접 접촉자와 일상 접촉자로 분류합니다. 2미터 이내에서 서로 대화하거나 물건을 주고받은 사람을 밀접 접촉자, 같은 공간에 있었지만 2미터 이상 떨어져 있었다면 일상 접촉자입니다.

코로나19가 발생하고 감염자가 늘어나자, 일상 접촉자와 밀접 접촉자를 더는 구분하지 않고 '접촉자'로 분류하고 있어요.

괴질

원인을 알 수 없는 이상한 병을 '괴질'이라고 해요. 증상이 보통 앓는 병과 달라 괴상하다는 의미입니다. 예전에 우리나라에서 콜레라를 괴질이라고 했어요. 코로나19도 COVID-19라는 정식 명칭이 생기기 전까지 괴질로 불렸어요.

자가 격리

'격리'란 함께 있지 못하게 따로 떼어놓는 것을 뜻해요. 감염병에 걸렸거나 걸렸다고 의심되는 사람이 다른 사람에게 바이러스나 병균을 옮기지 않도록 스스로를 자신의 집에 머물게 하는 거예요.

음압 격리 병실

감염병이 심각해져서 호흡에 문제가 생기면 인공적으로 호흡할 수 있도록 기관 삽관 같은 처치를 하는데, 이 경우에 에어로졸이 발생해요. 이때 다른 사람이 감염될 수 있으므로 이런 환자들은 따로 격리해야 하지요. 이때 병실의 압력을 낮춰 문을 여닫을 때 내부 공기가 밖으로 빠져나가지 않게 조치한 병실을 음압 격리 병실이라고 해요. 음압 격리 병실의 내부 공기는 어떻게 하냐고요? 병실 바닥에 있는 필터를 이용해 바이러스를 걸러낸답니다.

코호트 격리

'코호트'는 같은 특색이나 행동 양식을 가진 집단을 뜻하는 말이에요. 특정 질병이 발생하면 환자와 의료진 모두를 집단, 곧 코호트로 묶어 질병이 퍼져나가지 않도록 하는데, 이를 '코호트 격리'라고 해요. 흔히 의료 기관을 통째로 굳게 막거나 잠가 의료진이나 환자가 밖으로 나오지 못하게 막아요.

사회적 거리 두기(사회적 격리)

코로나19 확진자가 갑작스럽게 늘어나면서 시작하게 된 캠페인이에요. 지역 사회 감염을 막기 위해 사람들 간에 거리를 두자는 뜻이에요. 사람이 많은 장소를 방문하거나 다른 사람을 만나는 일을 자제하자는 것이지요.

이 캠페인을 위해 어른들은 회사 대신 집에서 일하고, 절이나 교회에 가는 대신 온라인으로 종교 활동을 하기도 하지요. 어린이와 청소년들은 학원이나 PC방 대신 집에서 머무르며 감염을 최소화하자는 의미도 담겨 있어요.

팬데믹(Pandemic)

팬데믹이라는 말은 그리스어 'pan(모든)'과 'demos(사람들)'를 결합한 말로, 모든 사람이 감염되고 있다는 뜻이에요. 다시 말해 '감염병 세계적 대유행'을 뜻하죠. 세계 보건 기구는 감염병의 위험도에 따라 경보 단계를 1~6단계로 나누는데, 팬데믹은 최고 경고 등급인 6단계예요. 20세기에 들어와 교통이 발달함에 따라 팬데믹 현상이 주기적으로 일어나고 있어요.

세계 보건 기구(WHO)

병의 예방과 치료 등으로 사람의 건강과 생명을 보호하는 일을 '보건'이라고 해요. 세계 보건 기구는 세계의 보건을 위해 애쓰는 국제기구입니다. 제1차 세계 대전 때는 스페인 독감이 유행했고, 제2차 세계 대전 때는 세균 감염병인 장티푸스, 온몸이 누렇게 되는 황달 등으로 많은 사람이 고통받았어요.

전쟁이 끝난 뒤 전 세계의 질병 감시를 맡게 될 기관이 필요하다고 판단한 국제 연합(UN)은 결의를 거쳐 1948년에 세계 보건 기구를 설립했어요. 우리나라는 1949년에 가입했습니다.

세계 보건 기구는 질병의 발생을 감시하고, 그 질병이 얼마나 심각한지 그리고 어디로 전파되는지를 평가하며, 심각해지면 전 세계에 주의하도록 알려요. 또 개발 도상국에서 예방 접종을 하도록 돕고, 식품 안전과 의약품, 백신을 적절하게 사용하도록 관리하지요. 전염병이 발생하면 세계 보건 기구에 소속된 전염병학자와 질병 조사관들이 그 질병을 연구하게 하고, 그 결과를 전 세계에 알려 각 나라가 이에 슬기롭게 대처하도록 도와요.

WHO의 감염병 경보 6단계

1단계
- 야생 동물 사이에 바이러스가 돌아요.
- 인간에게 전염되었는지는 확인되지 않은 상태예요.

2단계
- 가축화 동물 사이에도 바이러스가 돌아요.
- 인간에게 전염된 듯하나 확실하지 않아요.
- 잠재적인 감염병 위협 단계입니다.

3단계
- 동물에서 동물, 동물에서 인간 간의 전염이 시작돼요.
- 아직 사람 사이의 전염이 이뤄지지 않아 바이러스가 널리 퍼졌다고 보기 어려운 단계예요.

4단계 에피데믹(Epidemic)
- 사람 사이 전염이 이루어져 바이러스가 급속하게 퍼진 상태예요.
- 많은 사람에게 갑자기 심각한 증상을 일으키는 질병이 발생하고, 사람들 사이에서 빠르게 퍼져요.
- 각 나라에서는 감염병 확산을 방지하기 위해 WHO와 협력하여 여행 자제 등의 조치를 내리고 예방 사업을 시작해요.

5단계 팬데믹
- 4단계보다 사람 간 전염이 확산되는 상태로 2개국 이상에서 감염병이 확산했으며 대유행이 임박했다는 신호예요.

6단계 팬데믹
- 국가와 대륙 간 전염이 확산하고, 세계적으로 감염병이 진행되는 단계예요.
- 각 나라에서는 보건과 안보의 모든 단계에서 비상 계획이 실행되고, 병의 확산을 막으려는 조치가 시행돼요.

바이러스 관련 상식 퀴즈

01. 바이러스와 세균은 같아요. (○, ×)
02. 세균은 하나의 독립된 세포로서 염색체 분열을 하며 자기 복제를 할 수 없어요. (○, ×)
03. 바이러스가 살아남기 위해 침입한 생명체를 _____라고 해요.
04. 우리에게 독감으로 알려진 인플루엔자는 줄여서 '플루'라고도 해요. (○, ×)
05. 바이러스나 세균이 몸 안에 들어가서 증상을 나타내기 전까지의 기간을 _____라고 해요.
06. 감염병 중에서 사람 간 접촉이나 물과 공기를 통해 누군가에게 옮길 수 있는 질병을 '전염병'이라고 해요. (○, ×)
07. 인류 최초의 전염병은 스페인 독감이에요. (○, ×)
08. 우리나라에서는 천연두를 '큰마마', 수두를 '작은마마'라고 불렀어요. (○, ×)
09. 우리가 먹고 마시는 음식으로는 바이러스에 감염될 수 없어요. (○, ×)
10. 동물 전염병인 조류 인플루엔자는 물을 두려워한다고 해서 '공수병'이라고도 해요. (○, ×)
11. 임산부가 _____에 감염되면 배 속에 있는 태아가 소두증을 갖고 태어날 수 있어요.
12. 사스는 '중증 급성 호흡기 증후군'의 줄임말로, 급성 폐렴을 일으키는 질환이에요. (○, ×)
13. 세계 보건 기구는 감염병의 위험도에 따라 경보 단계를 1~6단계로 나누는데, 최고 경고 등급인 6단계는 _____이에요.

14. 코로나바이러스는 리노바이러스, 아데노바이러스와 함께 감기를 일으키는 3대 바이러스 가운데 하나예요. (○, ×)

15. 바이러스가 변이를 일으키면 독성과 전염성이 더 강해질 수 있어요. (○, ×)

16. 에이즈는 조류를 감염시키던 바이러스예요. (○, ×)

17. 인간의 대장에는 유해균인 대장균만 있어요. (○, ×)

18. 감염병이 유행할 때 걸리기 쉽고, 금방 위중한 상태가 되는 사람들을 고위험군이라고 해요. (○, ×)

19. 역학 조사는 전염병의 대상이 되는 사람들을 하나하나 전부 조사하는 것을 말해요. (○, ×)

20. 특정 질병이 발생하면 환자와 의료진 모두를 집단으로 묶어 질병이 퍼져 나가지 않도록 하는데, 이를 _____ 격리라고 해요.

21. '면역계'란 병원체가 우리 몸에 들어오는 것을 막거나 들어왔을 때 몸 안에서 물리치는 신체 기관이나 세포를 말해요. (○, ×)

22. 피부는 병원체의 침입을 막아 주는 보호막 역할을 해요. (○, ×)

23. 살아 있는 생물에 침입해 항체를 만들게 하는 단백질로 된 물질을 _____ 이라고 해요.

24. 항바이러스제는 바이러스에 감염되었을 때 쓰는 치료제를 말해요. (○, ×)

25. 손을 깨끗이 씻으면 바이러스처럼 슈퍼 박테리아도 막을 수 있어요. (○, ×)

정답
01 × 02 × 03 숙주 04 ○ 05 잠복기 06 ○ 07 × 08 ○ 09 ×
10 × 11 지카 바이러스 12 ○ 13 팬데믹 14 ○ 15 ○ 16 × 17 ×
18 ○ 19 × 20 코호트 21 ○ 22 ○ 23 항원 24 ○ 25 ○

바이러스 관련 단어 풀이

바이러스 : 동물, 식물, 세균 등 살아 있는 세포에 붙어서 살면서 개체 수를 늘려 질병을 일으키는 병원체.

생물 : 생명을 가지고 있는 동물·식물·미생물.

기생 : 스스로 생활하지 못하고 다른 생물에 붙어 해를 끼치며 살아가는 것.

유전자 : 자손에게 물려줄 유전 정보를 담고 있는 기본 단위.

세균 : 눈으로 볼 수 없을 만큼 작고, 생물체에 병을 일으키는 세포가 하나뿐인 생물. 물질이 썩어 못 쓰게 만드는 부패 작용도 함.

세포 : 생물체를 이루는 기본 단위.

염색체 : 세포가 분열할 때 나타나는 실이나 알갱이 모양의 물질. 일정한 유전자를 가지고 있어 유전이나 성을 결정하는 데 중요한 역할을 함.

자기 복제 : 생물체가 자기 자신과 똑 닮은 생물체를 만듦.

돌연변이 : 생물체에서 조상에게 없었던 새로운 특징이 갑자기 나타나 자손에게 유전되는 현상.

변이 : 같은 종류의 동물이나 식물이 성질이나 모양이 서로 달라짐.

전자 현미경 : 전기장 또는 자기장을 이용해 물체를 크게 볼 수 있게 만든 장치.

발열 : 세균 감염 등 염증이 있을 때 흔히 나타나는 증상으로, 체온이 정상보다 높아지는 것.

면역 반응 : 사람이나 동물의 몸 안에 들어온 세균이나 바이러스에 대해 항체가 생겨서 병에 걸리게 하는 물질들을 없애는 반응.

오한 : 몸이 오슬오슬 춥고 떨리는 증상.

면역력: 몸 밖에서 들어온 병균을 이겨내는 힘.

제1차 세계 대전: 1914년에 일어나서 1918년에 끝난 세계적인 큰 전쟁. 영국·프랑스·러시아 등의 연합군이 독일, 오스트리아 등의 동맹국과 싸워 이겼음.

아즈텍족: 멕시코고원에 살던 고대 인디언의 한 부족. 1520년에 에스파냐인 코르테스에게 정복당한 뒤 멸망함.

신경 세포: 신경을 구성하는 기본 조직으로, '뉴런'이라고도 함. 온몸의 기관들과 뇌를 연결해 자극을 받아들이고 전달하는 일을 함.

개발 도상국: 선진국보다 경제가 뒤처져서 지금 한창 경제를 발전시키려고 애쓰는 나라.

저병원성: 병을 일으키는 바이러스, 세균 등의 병원체가 사람이나 동물에 감염을 일으키지만 병을 일으키는 능력이 적은 성질. 전염성이 높지 않고 인체에 해가 없음.

고병원성: 병을 일으키는 병원체가 숙주에 병을 일으키는 능력이 빠르고 큰 성질. 병의 증상이 갑자기 나타나고 전염성이 높으며 인체에 해를 끼침.

치사율: 어떤 병에 대해서 죽는 환자의 비율. 사망지수를 환자 수로 나눔. 그 질병이 생명에 대해 얼마나 위험한지를 보통 백분율(%)로 나타냄.

황달: 간염 바이러스 등의 원인으로 간에 염증이 생겼을 때 생기는 질병. 쓸개에서 분비되는 담즙의 색을 노랗게 만드는 물질이 몸속에 쌓여 피부와 눈, 점막 등이 누렇게 됨.

지구 온난화: 오랜 시간에 걸쳐 이산화탄소 같은 온실 기체가 우주로 빠져나가지 못하고 지구를 둘러싸는 바람에 지구의 평균 기온이 높아지는 현상.

발달 장애: 태어날 때부터 또는 자라면서 대뇌에 이상이 생겨 신체, 정서, 지능이 나이만큼 자라지 않은 상태를 말함.

뇌성 마비 : 뇌에 이상이 생겨 몸을 정상적으로 움직이지 못하는 장애.

유해균 : 사람의 몸에 질병을 일으키는 해로운 균.

대장균 : 사람이나 동물의 장에 늘 있는 세균으로, 특히 대장이라 불리는 큰 창자에 많이 있어 대장균이라고 함.

유익균 : 유산균같이 사람의 몸에 이롭거나 도움이 되는 균.

탄저균 : 주로 소, 양, 말 같은 초식 동물에서 발생하는 탄저병을 일으키는 세균. 사람은 피부, 호흡기, 소화기 등에 감염되는데, 피부가 까맣게 썩어 간다 하여 탄저라고 함. 대표적인 생화학 무기로 알려짐.

뇌경색 : 뇌에 혈액을 보내는 혈관이 막혀 뇌의 일부가 죽는 병.

루푸스 : 면역계의 이상으로 관절, 근육 피부, 신경 조직, 폐, 신장, 심장과 조혈 기관 등 온몸의 모든 조직에 염증이 생기는 질병.

진해 거담제 : 기침을 가라앉히고 폐와 목구멍 사이에서 생기는 끈끈한 분비물인 가래를 없애는 약.

기관 삽관 : 환자가 안정적으로 호흡하도록 공기가 지나가는 길인 기도에 코나 입으로 튜브를 넣는 일.

제2차 세계 대전 : 1939년에 일어나 1945년에 끝난 세계적인 큰 전쟁. 영국, 프랑스, 소련, 중국 등이 연합군을 이루어 독일·이탈리아·일본과 싸워 승리함.

장티푸스 : 장티푸스균이 창자에 들어가 일으키는 전염병. 오염된 물이나 음식물로 감염되는 대표적인 수인성 전염병임.

결의 : 회의에서 의논하여 어떤 일을 찬성 또는 반대하기로 결정하는 것.